失落的致富經典

The Science of Getting Rich

華勒思・華特斯 著
許耀仁、王莉莉 譯

CONTENTS

CONTENTS

CONTENTS

譯序

聽他的，就對了！

這是一本奇書。

說這本書「奇」，是因爲居然在近一世紀前，就已經有人能用這麼簡短的篇幅，把「如何致富」這個主題談得如此完整而透徹。這本書不止涵蓋了我過去七、八年中，透過各種相關主題的課程、書籍學到的一切資訊，更補上了其中許多失落的環節。

然而，這本書卻不一定眞能讓人致富。

我第一次接觸這本書是在兩年前，讀完之後震撼於這本書的完整與深入，當下決定要將它譯爲中文，分享給其他也在尋找關於「致富」的有效方法的朋友們。在翻譯、校稿乃至於後續透過課程、讀書會等方式分享這本書的過程中，閱讀這本書豈止數十次，然而，這本書中的教導眞正產生效果，卻是在第一次閱讀這本書的十六個月之後。

當時，我做下一個決定：

「從今天起，我要丟掉腦中所有與這本書的內容衝突的既定認知，完全相信這本書所說的，並依照書裡的指示去做，而且不再讓自己接觸任何與這本書觀念衝突的資訊。」

在這之前，有長達半年以上的時間，我的財務捉襟見肘，連帶的也影響我的健康與情緒，使我進入人生的黑暗期；而在做了這個決定之後，一切都逐漸改變——獲得財富的機會開始湧現，而隨著物質財富的逐步增加，也連帶讓我有能力去擁有與欣賞世間各種美好的事物、能進一步提升自己的智識，也有能力幫助或照顧好自己所在意的人、事、物。

這本書讓我脫離人生的黑暗期，並逐步朝向完整生命的境界前進。

然而，前面所提到的我的那個「決定」，並不是我自己的頓悟。其實作者在這本書中就已經解說並強調過這個觀念（第十章與第十六章）——也就是說，這本書沒有發揮作用，不是因爲書的內容有問題，而純粹是因爲我自作聰明，只挑書中我喜歡或認同的那些部分去做。選擇性相信的結果，就是一事無成。

我相信，只要你能認同「要擁有完整的生命，物質財富絕對是非常重要、甚至不可或缺的一部分」這個觀念，並且願意抹銷過去對於「致富」這件事的所有觀念想法，然後「完全」照書中所說的方式去做。我也相信聰明的你，一定不會犯跟我一樣的錯誤……

而只要你願意如此，就必定能夠致富。

聽他的，就對了！

許耀仁

譯序

把注意力專注在你要的東西上

「我要讓人們的雙手都建立出壯觀的建築、彈奏出天堂般的樂曲、繪製出華麗的圖畫……。」書裡第六章這一段關於造物主（或是無形智慧體）希望能透過人類來體驗與享受一切，對此時在澳門的我感受特別不同。

澳門威尼斯人酒店是全球第二大、亞洲第一大的建築物，或許其創辦人並沒有讀過這一本書，但是相信他們在無意間也是遵守了這宇宙的「吸引力法則」。在威尼斯人酒店，有精緻的建築在眼前、天籟般的音樂伴著運河畔的遊客、瑰麗的文藝復興畫作讓人讚嘆……

《失落的致富經典》裡提到「人具有創造所思想的一切事物之能

力」，也就是將無形的世界，透過有形的世界來呈現。我曾在參觀威尼斯人酒店的過程中，看到一段動人心弦的五分鐘短片，也從中知道這麼龐大奢華的建築物，一開始只存在幾個外國人的夢想之中。

這也就是這本書的精髓：把意志力專注在你想要的東西上，就能創造出任何事物。

如果無意間遵守宇宙的法則，都可以創造東方、亞洲的拉斯維加斯，那麼如果我們「刻意」的遵守書裡所教的一些法則，又會開創出什麼？

這本書啓發了《祕密》的作者朗達．拜恩，也鼓舞了世界各地的人。看到《祕密》等相關書籍的出版與暢銷，以及各地不斷舉辦著電影欣賞會、導讀會等活動，我感覺一股精神意識流好像串在一起了，彷彿如同《聖境預言書》裡提到的：「地球上將出現一個嶄新的精神文化。」

過去在教會裡接觸過人是由靈（spirit）、魂（soul）、體（body）三者構成，和心理動力學裡佛洛伊德說的，人有本我（id）、自我（ego）和超我（super-ego）。這本書裡也有一樣的說法：「我們生存的動力有三種：我們會爲了追求身體的成長而活、我們會爲了追求心智的成長而活、我們會爲了追求靈性的成長而活。這三者沒有誰比誰好或高尚，每一項都値得追求；而身體、心智與靈性當中，如果有任何一項沒能達到完美的境界與完整的展現，那麼其他兩者也不可能達到完整。」

書裡更強調「感謝」、「創造性思維」及「不斷提升生命」等概念，因著這些要素，內在的力量會被喚醒而和宇宙的智慧體和諧一致，而相信每一個人都認同：你此刻讀的這些文字、這一本書，不管是你自己買來的，還是別人送給你的，都是無形智慧體呼應你內在的聲音而出現的。你也是在這一股精神意識流裡，翻轉這一世紀裡面很重要的一分子……

我相信今年從《祕密》的影片、書，到一系列跟「吸引力法則」相關的書籍出版，再到這本書的出版，都不是偶然，它象徵人類的意識正在更新！

王莉莉

推薦序

百年前的智慧

《失落的致富經典》是本超過百年的書籍了，這本書的原名叫做《致富的科學》，因爲作者堅持，獲得財富的過程是非常科學化的。科學化並不意謂它很容易，科學化只表示它有一定的法則可以遵循，而如果你依法而行的話，你就一定會得到你想要的財富。

其中的訣竅就在於：第一，你必須相信致富經典所說的法則是眞的，而且是積極可行的。基本上，致富經典的要義在於：萬物源自於一個至高無上的存在體，而這個存在體是以思想來創造、顯化萬物的。如果一個人的思想，能夠滲透到這個存在體的領域，那麼他所思所想就會在世間幻化成眞。這種說法，其實是與我們中國古老的道德經一致的。老子說：無，名天地之始，有，名萬物之母，還說道生一，一生二，二生三，三生萬物。聖經的創世紀也說：太初有道，道與神同在，道就是神。所以我個人對於書中的這個說法是深信不疑的。

第二個訣竅在於：如果人想要用心智來影響這個存在體的顯化、創造過程，你必須付出一定的努力。這些努力包括：把競爭性思維轉換成爲創造性思維，也就是說，相信這個世界是豐盛的、無量供應的，不是一個零和遊戲（zero sum game）：你贏我就輸，或你輸我才贏。另外就是，你必須清楚的知道自己眞正想要的是什麼，有一幅清楚的願景，而且每天生活當中，要以很有效率的行動，帶著堅定的信念和決心，朝向自己的願景，完成分內的工作。

當然，書中也提到了一些很重要的實用觀念，我覺得特別值得我們身體力行地去實踐：

·你爲別人所付出的或提供的東西，一定要比你得到的更有價值。因爲給和收是相互作用的，你給的愈多，反作用力就愈大，也就是說，返回來的東西就會愈多。

·接受的方式，就是去行動——當下時刻精準而且有效率的行動。

·感恩的力量，無遠弗屆，它會讓你得以與這宇宙的各種創造能量之間，建立起更密切的和諧關係。

·人人都有致富的權利，因爲我們活在這個世界上，就是要展現我們豐富的生命，提升我們的生命。而幫助他人提升生命就是和宇宙力量一致的行動。

·不斷地自我超越，做好眼前的工作，並且清楚自己要什麼，很快你就會達成你的願望。

這部世紀經典雖然短小輕薄，但是涵蓋的東西卻非常廣泛，每一章都值得慢慢品嘗細讀。書中開宗明義也指出，人如果不夠富有，就無法擁有眞正完整或成功的人生，當然，這裡的富有，是指內外皆富，而內在的富足尤其重要。所以，致富的第一步，其實就是要看到自己的潛意識模式中，是否有妨礙自己獲得財富的一些負面信念。關於這一部分，本書與其他闡釋心想事成以及吸引力法則的書一樣，都提到我們要有正確積極的信念，但是對於如何去除我們潛意識中根深柢固的一些負面信念，未多加著墨。

在我們發願、努力的過程之中，其實常常會受到我們潛意識中的人生模式和負面情緒的影響，而力不足逮，做不到各種「法則」的要求。這個時候，讀者可能就必須先找出自己潛意識中有那些陳舊的、無用的人生信念，然後把它們逐一去除。這個部分，可以參考拙作《遇見未知的自己》《遇見心想事成的自己》。這兩本書，尤其是後者，對於如何發掘並且解除人生的信念和模式有比較深刻的描述。

希望讀者們都能夠在此生成就自己的夢想，別忘了，這是我們與生俱來的權利！

張德芬

前言

只要做到這兩點，就一定能致富

這本書講求實用，而不僅是空談；這是一本實用手冊，而不只是一堆理論的相關論述。這本書是爲了那些對財富有迫切的需求，希望能先致富，待成功致富之後再去探討背後哲學的人們而寫的。

這本書是寫給那些目前還沒有足夠的時間、適當的方法與成熟的機緣去深入研究形而上學，但仍想獲得理想成果，而且願意把各種經由科學論證得到的結論直接付諸實行，而不會執著於一定要了解這些結論的前因後果的人。

我期望讀者能先完全相信本書的內容，就像聽到馬可尼或愛迪生等大科學家發表關於電的相關發現時一樣深信不疑；我也期望讀者能藉由身體力行的方式，來驗證書中所說的一切是否眞實。不管是誰，只要願意做到這兩點，就一定能夠致富，這是因爲書中所說的都是非常精準的科學，因此「失敗」這件事是不可能發生的。

不過，由於或許有讀者會想進一步探索背後的各種哲學理論，藉以爲其信心奠定更穩固的基礎，因此，我要在這裡再多加說明。

關於宇宙的一元論——「一即一切」（One is All）與「一切即一」（All is One），或「宇宙萬物皆爲同一存在體化育而成」的理論是源自於印度教，在過去兩百年來，這種思想逐漸爲西方世界所接受。這是所有東方哲學，以及笛卡兒、斯賓諾莎、萊布尼茲、黑格爾、叔本華與愛默生等人的思想基礎。

如果讀者想深入挖掘關於一元論的哲學基礎，我建議可以自行閱讀黑格爾與愛默生的著作。

在撰寫這本書的過程中，爲了讓每個人都能理解內容，我已盡量寫得直接而淺顯。本書中所提到的行動方針，都是由各種成功哲學推演而得的。這套行動方針已經過通盤的測試，並且經過最嚴格的實驗，證實了這套方針眞的有效。如果你想要進一步了解這些結論是從何得來，那麼請自行閱讀上面提到的作者著作；但如果你希望能實際收割到這些哲學思想的果實，那就請詳讀本書，並完全依照書中所說的去做吧！

致富的權利

如果不夠富有，就無法擁有真正完整或成功的人生

「致富」這門學問，就是人類一切進步的基礎。

世上雖有許多讚揚貧窮的說法，但人如果不夠富有，就無法擁有眞正完整或成功的人生——這乃是不變的事實。如果一個人沒有足夠的金錢，就無法將其才能或靈性發展至最高層次；這是因爲人必須要有許多物品供其運用，才能展現靈性並發展才能，而如果沒有足夠的金錢，那麼他就無法購買那些物品。

人是透過運用各種物品來發展其心智、靈魂與身體；而在現今的社會中，人一定要擁有金錢才能取得所需的物品。因此，「致富」這門學問就是人類一切進步的基礎。

所有生命存在的目的都是爲了成長，而所有具有生命的東西都擁有一個不可剝奪的權利：獲得所有可能的成長機會。

人對於其生命的權利，指的就是可以無限制地自由使用有助於完全展現其心智、精神與肉體的一切事物，也就是「致富」的權利。

在本書中，我將以最直接的方式來說明何謂「富有」。滿足於只擁有一小部分並不是眞正的富有；如果一個人有能力使用與享受更多，那麼他就不應該滿足於只擁有一點點。自然界萬物存在的目的，就是不斷進步並將其生命作最完美的呈現；因此，每一個人都應該要擁有能幫助他展現生命之力量、優雅、美好與豐富的一切事物。滿足於不足是一種罪惡。

如果一個人擁有希望擁有的一切事物，而能過他所想要的生活，那麼這個人是富有的；然而，沒有足夠金錢的人是無法擁有他想要的一切事物的。現代生活已經進步到相當複雜的程度，就算是最平凡的人想過一個趨近於完整的人生，都會需要一筆相當大的財富。每一個人自然都會想成爲他們可以成爲的人，這種了解自身天賦能力的渴望，是人類與生俱來的天性；我們都忍不住想成爲自己有能力成爲的人。所謂的「成功」，也就是能成爲你想要成爲的人。唯有透過運用各種物品，你才能成爲想要成爲的人，而也唯有擁有足夠購買所需物品的財富，你才能自由的使用這些物品。因此，在所有知識當中，最重要的就是關於「致富」的知識。

在所有知識當中，最重要的就是關於「致富」的知識。

渴望致富並不是一件壞事。對致富的渴望，事實上就是對能夠擁有更豐富、更完整、更充實的生命的渴望，而這種渴望是值得稱許的。不希望

獲得更充實人生的人是不正常的；換句話說，不渴望擁有更多金錢，來購買到他想要的一切物品的人，也是不正常的。

我們生存的動力有三種：

- 我們會為了追求身體的成長而活
- 我們會為了追求心智的成長而活
- 我們會為了追求靈性的成長而活

這三者沒有誰比誰好或高尚，每一項都值得追求；而身體、心智與靈性當中，如果有任何一項沒能達到完美的境界與完整的展現，那麼其他兩者也不可能達到完整。只追求靈性的成長，而否認心智或身體的重要性，這既不正確也不崇高；而只追求獲得智識而否認靈性或身體成長的重要性，也同樣是錯誤的。

我們都很了解，如果只追求身體上的享樂，卻不發展心智與靈性，肯定會帶來惡果；我們也了解，眞正的人生，指的是人透過其身體、心智與靈魂而呈現的完整樣貌。不管一個人嘴上怎麼說，如果他的身體機能無法正常運作，就不可能眞的感到快樂或滿足；同樣的，在心智與靈性層面也是如此。只要有還未實現的可能性，或是尚未發揮的機能存在，就會產生渴望。人的渴望就是源於潛在的可能性在尋求實現的機會，或是所具有的功能在尋找發揮的契機。

「致富」的知識是所有學問當中最高尚、也最必要的一種。

如果沒有營養的食物、舒適的衣著及溫暖的住所，如果無法免除過度的辛勞，那麼這個人的身體將無法健全發展；休息與娛樂對於人的身體健康也是很重要的。

如果沒有書籍與閱讀的時間、如果沒有旅遊與觀察的機會、如果沒有一起追求智識成長的同儕，那麼這個人的心智也無法健全發展。

人若要讓心智健全發展，就必須擁有知識性的娛樂，也必須能讓自己周遭充滿他有能力使用與欣賞的藝術作品，以及其他美好的事物。

人若要讓靈性健全發展，那麼他必須要擁有愛，而貧窮會使人無法完整展現愛。

一個人的至高喜樂，來自於爲其所愛的人們帶來益處；「付出」就是「愛」最自然的呈現方式。一個人如果沒有東西可以付出，就無法扮演好配偶、父母、公民，乃至於身爲一個人類的角色。人類需要透過運用各種物品，才能了解如何使身體健全發展、如何使心智成長，以及如何展現其靈性。因此，對每一個人而言，「致富」都是極爲重要的。

你應該渴望致富，這是絕對正確的事。如果你是一個正常人，那事實上你也無法克制這樣的渴望。全心學習關於「致富」的知識是絕對正確的，因爲那是所有學問當中最高尚、也最必要的一種。如果忽視這門學問，那麼可以說你沒有盡到對自己、對神，以及對全人類的責任，因爲你能爲神與全人類提供的最大貢獻，就是讓自己發揮到最高境界。

致富是一門科學

只要是能閱讀並且了解本書內容的人，都一定可以致富

致富與否並非取決於環境，如果跟環境有關，那麼住在同一個地區裡的每個人都應該同樣富有。

世上確實有一門關於致富的科學存在著，而這門學問就像數學一樣精準。獲取財富的過程是由某些特定的法則來掌控，任何人只要學會並遵守這些法則，就必定能夠致富。

金錢與資產的獲得，都是依照某種特定方式行事所產生的結果。而不管一個人是特意還是在無意之下依照這種方式行事，都必定會致富；相反的，如果沒有依照這種方式行事，那麼不管多努力工作、能力有多強，都脫離不了貧窮。

同樣的「因」會產生同樣的「果」是自然界的法則之一；因此，只要學會依照這種特定方式行事，那麼任何人都可以致富。

以下內容可以證實這個說法：

致富與否並非取決於環境，如果跟環境有關，那麼住在同一個地區裡的每個人都應該同樣富有。住在某個城市的每個人會都很富有，而住在某個小鎮的每個人則都很貧窮；或者住在某一州的人全都賺進大筆財富，而住在隔壁州的人則全都活在貧窮之中。

但是，我們發現到處都有富人與窮人比鄰而居，他們住在相同的環境裡，甚至從事相同的工作。如果兩個住在同樣地點、從事同樣工作的人，其中一個富有、另一個貧窮，那就表示環境並不是能否致富的主要因素。或許某些環境確實比較有利，但是當兩個從事同一職業、住在同一地區的人，其中一人能成功致富，而另一人卻無法做到時，這就表示致富其實是依照某種特定方式行事的結果。

更進一步來說，能否依照這種特定方式做事，也不是取決於一個人的聰明才智，因爲有許多才智過人的仍然貧窮，而有些人雖然沒什麼才能，卻仍能致富。

在研究那些成功致富的人時，會發現他們各方面都很平凡，他們並沒有比別人優越的天賦和能力。由此可知他們之所以能致富，並不是因爲擁有別人沒有的天賦和能力，而是因爲他們碰巧依循那個特定方式做事。

節儉或吝嗇也無法讓人致富，因爲有很多小氣的人卻還是很窮，而有很多人揮金如土卻反而非常富有。

致富也不是因爲能做到別人做不到的事，因爲兩個經營同樣事業的人所做的事情也幾乎都會相同，但是其中一人能成功致富，而另一人卻仍然貧窮甚至破產。

只要你居住的城市裡有任何一個人成功致富，你一定也可以。

從這些事實中可以得出一個結論：致富乃是依照某種特定方式行事所產生的結果。

如果「致富」眞的是依照某種特定方式行事而得到的結果，而如果同樣的「因」必定會產生同樣的「果」，那就表示只要按著這個方式行事，任何人都可以致富；而此時「致富」這整件事就成爲一門精密的科學。

這裡浮現的問題是：這個方式是不是非常困難而只有少數人能做得到？

就我們所見，事實並非如此（就人類天生的能力來看）：

- 天賦異稟的人可以致富，傻瓜也可以致富
- 才智聰穎的人可以致富，愚昧的人也可以致富
- 身體強壯的人可以致富，身體孱弱的人也同樣可以致富

當然，擁有某種程度的思考和理解能力是必要的，不過就人類天生的基本能力這方面來說，只要是能閱讀並且了解這本書內容的人，都一定可以致富。

此外，我們已經了解「環境」不是問題。沒錯，所在的地點有時可能會造成影響，你不會指望在撒哈拉沙漠深處成功地經營什麼事業。

在追求財富的過程中會需要與他人交易，也必須待在有人可以與你交易的地方，如果這些人還願意以你喜歡的方式來交易就更好了。然而，環境的影響也就僅止於此：

■ 只要你居住的城市裡有任何一個人成功致富，你一定也可以

■ 只要你居住的那一州裡有任何人成功致富，你一定也可以

再次強調，能否致富也並非取決於是否選擇特定的職業或專業。各行各業都有人致富，而跟他們同一個行業的隔壁鄰居卻仍然貧窮。

不管你現在有多窮，只要你開始依照特定的方式行事，就會開始變得富有。

沒錯，如果能從事你喜歡且適合的行業，你將能有最大的發揮。而如果你擁有某些特殊才能，那麼你將能在需要這類才能的工作中大放異彩。

此外，如果你經營的是適合所在環境的事業，也會有更好的成績。例

如在氣候溫暖的地方賣冰淇淋，生意一定會比在格陵蘭島賣冰淇淋更好；而如果在美國西北部經營鮭魚捕撈業，肯定會比在佛羅里達州成功，因爲佛州並沒有出產鮭魚。

但是，除了這類限制之外，致富與否與你從事哪一種行業沒有太大的關係，而是取決於你是否有學著依照特定的方式去行事。如果你正在經營某個事業，而其他與你在相同地區經營相同事業的人都致富了，你卻沒能致富，那只是因爲你沒有按照與他們相同的方式行事的關係。

世上也沒有人會因爲缺乏資金而無法致富。沒錯，如果你擁有資金，那麼要讓資金增加會更容易且快速；但是，一個擁有資金的人已經是有錢人了，他並不需要再去研究如何致富。不管你現在有多窮，只要你開始依照特定的方式行事，就會開始變得富有、開始擁有資金。獲取資金是致富過程的一部分，同時也是依照特定方式行事之後，必然會得到的結果之一。

也許你目前是全國最窮的人，而且還負債累累，也許你沒有朋友、沒有影響力，也沒有任何資源；但是，因爲同樣的「因」必定會產生同樣的「果」，所以只要你開始依照這種方法行事，就一定可以致富。如果你目前缺乏資金，那麼你將會獲得資金；如果你選錯了行業，那麼你將會進到正確的行業；如果你所在的地點不對，那麼你將會到正確的地方去。

只要你願意開始在目前的事業、目前所在的地方，以那必定會帶來成功的特定方式行事，就必定可以做到上面所說的一切。你必須開始以一種與掌管整個宇宙的各種法則協調一致的方式來生活。

你還有致富的機會嗎？

只要願意順勢而起，永遠會有很多機會

人之所以貧窮，並不是因為財富的供應量不夠。事實上，世界上存在著的財富遠超過全人類所需。

人之所以貧窮，並不是因爲財富都被某些人佔據；也許你無法從事某些類型的事業，但必定會有其他致富管道對你敞開。

在不同的時期中，依照該時期的整體需要，以及社會演進的階段，其機會的趨勢走向也會有所不同。只要願意順勢而起，而不要想逆勢而爲，那麼這樣的人永遠會有很多機會。

因此，不論就勞工個人或整個勞工階層而言，其機會都沒有被剝奪。勞工們並不是受制於其雇主，也沒有被財團與大企業壓榨。他們之所以會處於那樣的社會階層，只是因爲沒有依照特定的方式行事而已。

如果勞工階層都願意開始依照那種特定的方式行事，那他也可能成爲雇主階層。勞工階層必須要了解，致富的法則不管對哪一個社會階層都一體適用；而如果這階層的人繼續依照原來的方式行事，那麼就會繼續保持現狀。

然而，即使同屬勞工階層的其他人都不了解這些法則，也不會因此影響他個人的選擇權，他仍可以選擇去掌握致富機會的趨勢，而這本書將會說明如何做到。

人之所以貧窮，並不是因爲財富的供應量不夠。事實上，世界上存在著的財富遠超過全人類所需。光是美國一地藏有的建材，就足以爲地球上每一個家庭建一幢如華盛頓州議會大廈般的豪宅；而只要努力耕作、養殖，光是這個國家所能生產的羊毛、棉花、亞麻布與絲綢，就足以讓世界上每一個人都能穿上比所羅門王盛裝時所穿的還要更華麗的衣裳；而所生產的食物，也足夠讓世上每個人都享用到豪華的餐點。

我們眼睛可見的資源幾乎可說是取之不盡，然而我們眼不能見的無形資源，則眞的就是用之不竭。

這地球上可見的一切萬物都是由一個本有的存在體所創造，所有一切都是由此而出。

新的有形實體不斷被創造出來，而舊的有形實體則逐漸消逝；然而這一切都只是同一存在體所呈現出的不同型態而已。

自然界就像是一個取之不盡、用之不竭、充滿財富的寶庫。

那無形之物，或者說本有存在體的供給無窮無盡；雖然整個宇宙都是以那存在體來造成，但是創造宇宙並沒有把那存在體用盡。在這雙目可見的宇宙裡，各個有形實體間的空間之中，仍充滿著那存在體——那用來創造一切萬物的原料。這些原料足以再創造出比現有的還多一萬倍以上的有形實體，然而即使如此，這宇宙原料也不會因此而枯竭。

因此，人之所以貧窮，絕不是因爲自然界太過貧瘠，或是因爲其資源有限而不足以分配所造成。

自然界就像是一個取之不盡、用之不竭、充滿財富的寶庫，其中的資源永遠不會短缺。那本有存在體是有生命、且具有創造能力的，而祂也一直不斷地在創造出更多的有形實體。如果世界上的建材都用盡了，祂就會創造出更多；如果耕地的使用到達極限、無法再生長出食材與衣料，那麼祂將會使耕地恢復生機，或是創造出更多的耕地。即使地球上所有的金銀都已經被挖掘出來，但只要人類社會的發展仍處於需要金與銀的階段，那麼那無形的存在體就會再創造出更多金銀。那無形存在體會隨時回應人類的需要，祂永不會讓這世界欠缺美好的事物。

對人類全體而言都是如此，我們這個物種一直都是非常富足的，而如果有些人處於貧窮狀態，那只是因為他們沒有依照能讓每個人都富有的特定方式行事而已。

那無形的存在體是有智慧、會思考的；祂是有生命的，而且永遠都在尋求使生命更提升。

整個自然界都是為了幫助生命發展而創造，而創造這自然界的動機，就是要提升生命。

尋求更完整的生命，是所有生命與生俱來的本能；人在本能上就會尋求不斷擴展智慧，同時也會本能地拓展意識的疆界，使其得以完整展現。而這有形實體的宇宙，事實上也就是那無形存在體爲了能更完整地展現其自身，而將祂自己轉化爲有形實體所創造而成的。

這宇宙是一個偉大的、有生命的存在，宇宙永遠會朝著獲得更完整的生命，以及展現更完整的機能的目標而邁進。整個自然界都是爲了幫助生命發展而創造，而創造這自然界的動機，就是要提升生命。因此，只要是可能有助於生命成長的一切，都會無限制地供應。除非神想否定祂自己，並且把祂過去的創造都作廢，否則這世界是不會有所匱乏的。

人之所以貧窮，並不是因爲財富的供應不足。而接下來我將會開始說明一個事實——如果一個人願意依照特定的方式去行動與思考，那麼他甚至可以隨心所欲地運用那無形的資源。

致富第一法則

一個人如何思考，會直接影響他行事的方式

我們居住在由思想創造的世界，而這世界所在的宇宙也是由思想所創造的。

唯有透過思想的力量，才能讓那無形的存在體產生出有形的財富。世上一切萬物都是由那會思考的存在體所創造，當存在體中產生某個有形實體的思想時，那個實體就會出現。

無形存在體會依思想而運作；自然界中每一個有形實體和進程，都是那存在體中某個想法的具體表達。當那無形的存在體想到某種有形實體時，就會成爲那形體；當祂想著某一個動作時，就會做出那樣的動作。萬物就是如此被創造出來的。

我們居住在由思想創造的世界，而這世界所在的宇宙也是由思想所創造的。當宇宙運行的思想傳送到整個無形存在體時，存在體就依照這思想來運行，而後形成行星系統並且維持那樣的形體。那會思考的存在體會依照其思想而成爲實體，也依其思想而運行。

當存在體中出現了由太陽及各個世界構成的環繞運行系統的思想時，就形成各個不同星體，並依照所想的方式運行。而當祂產生「緩慢成長的橡樹」的思想時，也會依照這樣的方式創造出橡樹；儘管這可能需要好幾世紀的時間。在創造的過程中，無形存在體似乎會依循祂先行定下的既定程序；也就是說，並不是一想到橡樹，就立刻出現一棵已長成的橡樹，然而思想確實會啓動可依循成長程序，使橡樹生長出來的各種力量。

存在體中任一個思想都會創造出實體，但祂永遠都會依照先前定下的成長流程與行動來進行創造。

如果將某種建築物的思想銘刻到無形的存在體上，這時並不會立刻形成那建築物，而是會透過貿易和商業中各種管道所具有的創造能力，快速建造出那建築物。而除非目前世上還沒有可讓這創造力量發揮的管道存在，這時存在體才會直接造出那房舍，而不再等待有機和無機世界的緩慢進展。

所有銘刻到存在體的思想，都必會導致其對應實體的產生。

每個人都是可以發送出思想的思想中心。人們能以雙手塑造出的一切實體，都必須先在其思想中存在；如果沒有先想到物件的形象，他就沒辦法造出那物件。

到目前爲止，人類仍完全侷限於雙手的能力，將其勞力投注於有形世界，努力想變更或修改那些已存在的東西，卻從未嘗試透過將思想銘刻到那無形存在體的方式，來創造出全新的事物。

人可以在其思想中塑造各種事物。

當一個人的思想中產生某個形體時，他會從自然界中取得各種材料，然後依照他心中的圖像做出那個形體。到現在爲止，人們幾乎從不跟那無形智慧體——也就是「天父」合作，人們從來沒有想到他也能做到「父所作的事」（譯註：出自《聖經．約翰福音》五章十九節）。人們長久以來習慣於用勞力重新塑造或修改現有的各種有形實體，幾乎從來沒有思考過「人是否能透過與無形存在體溝通其思想的方式進行創造」這個問題。

我們準備要證明每個人都可以做到這件事，並且要告訴你如何才能做

到。其中第一個步驟，就是要先定下三個基本主張：

首先，我們認爲宇宙中存在著一種無形存在體，而萬物都是以此存在體造成；所有看似不同的東西都只是相同元素的不同呈現方式而已。不管是生物或是非生物，都是由相同的原料塑造而成的不同形體。

其次，這存在體具有思想，而祂的一切思想都會成爲實體；這個有思想的存在體中的一切思想都會化爲實體。

第三，每個人都是一個思想中心，具有產生思想的能力；如果有人能將思想傳達給那有思想的存在體，那麼這人就能創造出他所想的一切。

也就是說：

■ 世上有一種智慧體存在著，而萬物都是由此存在體所造成；當這存在體處於原始狀態時，能滲透、穿入並充滿宇宙中的所有空隙。

■這智慧體中的任一個思想，都會造就出那思想所描繪之物。

■人可以在其思想中塑造各種事物，而當人將其思想銘刻到無形智慧體上時，將可導致所想事物的創造。

可能有人會問我要如何證明這說法，我不需要談太多細節，也可以透過邏輯與經驗來證明其正確性。

任何人只要完全依照本書所說的去做，都一定能夠致富。

我是透過觀察有形實體與思想之間的關係，推得「有一個有思想的原始存在體存在著」的結論；而透過這存在體運作的方式，我又推得「人有能力導致他所想事物的形成」的結論。

而透過實驗，我也發現這樣的推論是正確的，以下就是最佳的論證：只要有一個人因爲讀了這本書，且依照書裡所說的去做而成功致富，那麼這證據就能佐證我的主張；而如果每個依照本書去做的人都成功致富了，那麼除非有人依照完全相同的程序去做卻失敗，否則就表示我的主張正確。只要這方法一直都有效，那麼這理論就是正確的；而我確信這方法是一定有效的，因爲任何人只要完全依照本書所說的去做，都一定能夠致富。

我之前提到過，一個人之所以能致富，是因爲他懂得依照特定的方式行事；而如果想依照這特定的方式行事，首先必須要能依照特定的方式思考。

一個人如何思考，會直接影響他行事的方式。

如果希望能依照正確的方式行事，就必須先學習如何依照正確的方式思考；這是尋求致富的第一個步驟。

而要以正確的方式思考，就必須要能不受表相影響而去思考真相。

每個人與生俱來都有思考眞相的能力，但是比起依照表相所呈現的狀況去思考，要做到思考眞相費力許多。按事物表相去思考相當容易，要不被表相影響而去思考眞相則比較困難，而且要做到這一點，需要投注的力量超乎我們所作的一切日常工作。

大部分人寧可去做勞務工作，也不願意做長時間的深入思考；思考是世界上最困難的活動，尤其是當眞相與表相全然相反時，就更爲困難。人在觀察到世上的表相之後，很容易會相信那表相，而唯有先了解眞相，才能避免誤信表相。

當你看到貧窮的表相時，除非你已了解「世上沒有貧窮、唯有富足」這個眞相，否則那貧窮的表相就會印入你心中。

不要問這些法則為什麼如此，只要信任這些法則即可。

要在充斥疾病表相之處想著健康，或要在充滿貧窮表相之處想著富足，都會需要強大的力量；然而如果能擁有這樣的力量，這人就會成爲「心念大師」，他將可以克服宿命，並擁有想要的一切。

要得到這樣的力量，首先必須了解潛藏在所有表相之下的一大眞相：萬物都是由一個有思想的存在體所造成。

接下來，我們必須了解另一個眞相：那存在體之中的任何思想都會形成實體，而且人可以將其思想傳送給那存在體，讓他的思想也能因此成眞。

如果能了解這一切，就能拋開所有懷疑與恐懼，因爲我們知道自己可以創造出想創造的一切、可以得到想擁有的一切、可以成爲想要成爲的人。在邁向致富目標的過程當中，第一步就是要相信前面所說的三個基本主張，爲了強調其重要性，我再重複一次：

- 世上有一種智慧體存在著，而萬物都是由此存在體所造成；當這存在體處於原始狀態時，能滲透、穿入並充滿宇宙中的所有空隙。
- 這智慧體中的任一個思想，都會造就出那思想所描繪之物。
- 人可以在其思想中塑造各種事物，而當人將其思想銘刻至無形智慧體上時，將可導致所想事物的創造。

你必須把自己對宇宙的其他不同想法都先擱在一旁，並且不斷思考這裡告訴你的一切，讓這些思想能深深刻在心中、成為你的思考習慣。請不斷重複閱讀這幾個句子，將每一個字牢記在心並不斷思索，直到你完全相信句中所說的一切。如果心中出現懷疑，請先把它放在一邊，不要去聽別人爭論這想法正確與否，不要去聽那些教導或宣揚相反觀念的演說或講道，也不要去閱讀教導不同觀念的雜誌與書籍。如果你在這個階段混淆了對宇宙運作方式的理解與信念，那麼所付出一切努力都是白費。

不要問這些法則為什麼如此，也不要去思索這些法則是為何能如此運作，只要信任這些法則即可。學習致富法則的第一步，就是完全接受這一切。

CHAPTER 5

讓生命更完整

我們必須先致富，才能讓整個生命更豐富

> 讓你想賺到更多金錢的力量，其實與讓植物得以生長的力量相同。

如果你曾相信冥冥之中有一股認爲人應該要貧窮，或是專門讓人變得貧窮的力量存在，那麼你必須趕快除去這個想法。

那本身即是一切、存在於一切之中、活在一切之中、也活在你裡面的智慧體，是一種有意識、有生命的存在體；而由於祂有意識、有生命，因此祂也和所有生命體一樣，具有渴望讓生命更完整的天性。每一個有生命的東西都會不斷尋求擴展其生命，這是因爲每一個生命都必須要使其自身有所增長，才能繼續生存。

當種子落入土壤時，就開始生長，而在求生存的同時，也會再產生出更多種子。所有生命在求生存的過程當中都會使自我增長，每一個生命都永遠會變得更多更好；而只要是有生命的，也都必須如此去做。

人的智慧也有這種持續增長的需求。我們的每一個思想都會讓我們必須思考其他事情，這使得意識不斷擴大提升。我們所學習到的每一件事，都會牽引著我們再去學習其他事，這使得知識不斷增加。我們所培養的每一種才能，都會引發我們再培養另一才能的渴望。這是由於生命本身有著這種強烈的渴望，而在其驅策之下，會使我們想要知道更多、做到更多、體驗更多。

爲了能知道更多、做到更多、體驗更多，我們就必須擁有更多。我們必須要擁有更多可以使用的物品，因爲只有透過使用物品，我們才能夠學習、才能夠實作、才能夠成爲我們想成爲的人。因此我們必須先致富，才能讓整個生命更豐富。

對於財富的渴望，事實上就是因生命本身在追求更偉大的展現機會而形成。每一種渴望，都是因某種生命潛力希望能有表現的機會所造成。當潛力在尋求展現的機會時，就會產生渴望。讓你想賺到更多金錢的力量，其實與讓植物得以生長的力量相同，兩種力量都是因生命在尋求完整展現的機會而形成。

那智慧體本身也必須依循這一切生命都依循的法則。祂本身也有讓生命更完整的渴望，而這也就是祂需要創造萬物的原因。那唯一的智慧體渴望能透過你而體驗更多，因此祂要讓你擁有你所能使用的一切。

神對人與萬物一無所求，祂期望的，是你能夠為了自己與他人而成長到最高境界。

讓你能致富是神的渴望。祂希望你能致富，因爲如果你擁有很多讓祂能展現自我的東西可以運用，那麼祂就更能透過你來展現自我。而如果你能不受限制地自由使用生命中的一切，那麼祂也將能透過你而體驗到更多。

整個宇宙都希望你能擁有想要的一切：

- 整個自然界都會支持你的計畫。
- 萬事萬物都是為了你而存在。
- 請下定決心全然相信這都是真的。

然而，前提是：你的目的必須要與萬物存在的目的一致。

你所想要的必須是獲得眞正完整的生命，而不是只追求肉體上的享受。生命就是各種機能的展現，而一個人只有在能完全發揮其生理、心智、靈性的各種機能（且不過度）時，才算是眞的活著。

你不該只爲了過奢華的生活、爲了滿足動物層次的需求而追求財富，那並不是完整的生命；不過每一個生理機能確實也都是生命的一部分，如果一個人完全戒絕其肉體正常且健康的衝動，那麼他也無法獲得完整的生命。

你也不該單是爲了能享受內心的喜悅、能獲取知識、能達成理想、能勝過他人、能功成名就，而去追求財富。這一切確實也是生命中可以追求的東西，但是如果一個人只爲了智識層面的喜悅而活，那麼這個人的生命也不完整，他永遠不會滿足於所擁有的一切。

你也不該單是爲了能造福他人、爲了能獻身於拯救世人、爲了能享受作慈善事業與犧牲奉獻時帶來的喜悅，而去追求財富。靈魂的喜悅也只是生命的一部分，並沒有比生命的其他部分優異或崇高。

你追求財富的目的，應該是爲了有得吃、有得喝，而且在該吃該喝的時候能愉快地去吃去喝；你追求財富的目的，應該是爲了能讓自己周邊充滿美好的事物、能去遠方遊覽、能充實你的心靈、能發展你的才智；你追求財富的目的，應該是爲了能去愛他人與做好事、能去扮演幫助這世界了解眞理的角色。

但是請記得，抱持著極端的利他主義的人，並沒有比抱持著絕對的自私想法的人更好或更高尙，因爲這兩者都是錯的。不要認爲神希望你爲他人犧牲，而且會因此而給你恩惠。神對人與萬物一無所求，祂期望的，是你能夠爲了自己與他人而成長到最高境界；而且如果你想幫助別人，那麼「讓自己達到完整」會是最好的方式。

你必須擺脫競爭的思維。你要做的是創造，而不是與他人爭奪已存在的一切。

要讓自己達到完整，除了致富之外別無他法；因此，將「致富」視爲優先目標不但正確，而且也值得讚許。

但是，請切記那智慧體的渴望是能夠完整，而其一切行爲都會是爲了讓更多生命得以完整，因此在你尋求財富與生命的過程當中，無法讓那智慧體做出會使任何生命遭受損失的事，因爲所有生命對祂而言都是平等的。

那智慧體會爲你而創造出物品，但是不會爲你而奪走別人的東西來給你。

你必須擺脫競爭的思維。你要做的是創造，而不是與他人爭奪已存在的一切。

你並不需要奪走任何人的任何東西。

你並不需要在交易時斤斤計較。

你並不需要欺騙別人或佔人便宜。

你並不需要讓別人以低於他應得的報酬為你工作。

你並不需要羨慕或貪圖別人的財產。世界上沒有你不能擁有的東西，也沒有只能透過奪取才能獲得的東西存在。

你要成為創造者，而不是競爭者。你一定會得到想要的一切，但會是以一種特殊的方式：當你透過這種方式得到想要的一切時，你所影響到的每個人也都將比他現在擁有更多。

我知道世上有很多人是透過與上面所說的完全相反的方式，而獲取了大量的金錢，因此在這裡我要稍加解釋：透過這種方式致富的人，有些是完全倚靠他們本身優異的競爭能力而做到，而有些則是在不知不覺中，參與了那智慧體透過工業的發展，來達成整體提升的宏大計畫與行動。洛克斐勒、卡內基、摩根等人都在不知不覺中，成爲那至高無上的智慧體的代理人，爲祂完成以系統化、組織化的方式讓工業更有效率的工作；當他們完成這工作之後，將會對增進人類全體生命的提升產生相當大的貢獻。然而他們的任務也快要結束了。他們已經將生產工作組織化，很快的就會有其他人接手，開始進行組織各種配送機制的工作。

他們就像是史前時代的巨型爬蟲類一樣，是演化過程中的必要元素；然而將其創造出來的力量，也會將其除去。此外，也請了解這些人事實上從來沒有眞的富有過；根據紀錄，這類人士的私生活通常都是最悽慘與可悲的。

你必須深信，就算明天就需要上千人去找出新的金礦，你需要的金錢仍必定會到來。

透過競爭方式而獲得的財富永遠無法使人滿足，也無法長久。今天雖然還屬於你，但到了明天可能就屬於別人。請記得，如果要透過那個特定的方式致富，就必須完全跳脫競爭性的思維，不可以有一絲認爲「供給有限」的想法存在。當你開始認爲世上的金錢被少數人壟斷與控制，而你必須要透過通過某些法規的方式才能抑止這種狀況時，在這當下你就落入了競爭性的思維當中，而你也就在這一刻失去了創造的力量。

更糟的是，你可能還因此而阻擋了那些已開始的創造活動。

■ 你必須深信在地球上眾多山脈裡，還蘊藏著尚未被發掘出來、價值無法計量的黃金。而且要深信就算黃金沒了，那智慧體也一定會創造出更多黃金，來滿足你的需要。

■ 你必須深信，就算明天就需要上千人去找出新的金礦，你需要的金錢仍必定會到來。

■ 不要把注意力集中在看得見的供給上，而要將注意力集中在那無形智慧體中蘊含的無限財富，並且要深信你接受與使用財富的速度越快，它們來到的速度就越快。沒有任何人能透過壟斷有形資財的方式，而阻止你獲得屬於你的一切。

因此，千萬不要有那種「如果動作不加快，那麼還沒開始蓋房子，最好的地段就被搶光了」的想法。不要擔心那些財團，不必因害怕他們有一天可能會擁有整個地球而緊張。不必害怕可能會因其他人的阻擋而無法得到你想要的，因爲這種事情是不可能發生的。

你並不是要去尋求其他人擁有的東西，而是要從那無形的智慧體中創造出你想要的東西，而無形智慧體的供給量是無窮無盡的。

請牢記下面的文字：

- 世上有一種智慧體存在著，而萬物都是由此存在體所造成；當這存在體處於原始狀態時，能滲透、穿入並充滿宇宙中的所有空隙。
- 這智慧體中的任一個思想，都會造就出那思想所描繪之物。
- 人可以在其思想中塑造各種事物，而當人將其思想銘刻至無形智慧體上時，將可導致所想事物的創造。

財富如何來到你身邊？

你必須擁有渴望、信心，並且依照特定的方式行動

如果你想要脫離競爭的世界，而進入創造的世界，可以從嚴格檢視你所做的一切商業交易開始著手。

當我說你並不需要在交易時斤斤計較時，我的意思並不是都不要跟人講價，也不是說你不會需要跟其他人打交道。我真正的意思是，你並不需要用不公平的方式對待別人。你不但不需要追求不勞而獲，反而還可以透過給多於取的方式致富。

在進行交易時，你提供給他人物品的價格不可能低於其市場價格，但是你可以讓這些物品的「價值」遠超過他們所付出的金錢。製造這本書時使用的紙張、墨水等材料，其成本可能遠低於你買書時所花的價格，但是如果這本書所提供的一些想法能讓你賺更多錢，那麼把這本書賣給你的人就沒有佔你便宜，因爲他爲你提供了相當大的價值，卻只向你要了一點點金錢做爲交換。

假設我擁有一幅由知名畫家繪製的圖畫，這幅畫在已開發國家中也許價值數千美金。如果我把這幅圖帶到巴芬灣（Baffin Bay），然後發揮我的銷售功力，讓當地的原住民願以一捆價值僅五百美金的毛皮來交換這幅畫，這時事實上我仍是在佔他便宜，因爲他根本用不到這幅畫。這幅畫對他而言沒有任何價值，因爲它並不會使其生活獲得提升。

但是假設我用一把價值五十美金的槍來交換他的那些毛皮，那麼這就是一筆絕佳的交易。因爲他需要這把槍，有了這把槍可以讓他獵得更多毛皮與食物；這把槍可以在許多方面提升他的生活，甚至可以使他致富。

如果你想要脫離競爭的世界，而進入創造的世界，可以從嚴格檢視你所做的一切商業交易開始著手。如果目前銷售的物品當中，有那種所提供的價值不如其金錢價格的東西，那麼就不要再銷售它。要經營事業其實並不需要傷害任何人，而如果你正身處在一個要靠傷害別人才能成功的事業裡，那麼你必須立刻脫離那個事業。

雖然你可以讓周遭所充滿的那些無形物質，轉化為你要的財富，但是這並不表示財富會從空氣裡無中生有。

給予人們的實用價值永遠要多於你向他們索取的金錢價格，如果能做到這一點，那麼當你進行每一筆商業交易時，就都是在讓他人的生命得以提升。

如果你有雇用員工，那麼你透過他們而獲得的金錢，勢必要多於你付給他們的薪資；但是，你仍可以做好規畫，以「提供成長的機會」作爲最高的準則，讓有心成長的員工每天都有機會進步一些。

你可以讓你的事業爲員工做到如同這本書爲你做到的事：你可以好好管理你的事業，使其變成像是某種階梯，讓每個願意付出努力攀爬這階梯的員工都能獲得財富。而如果你給了他們這樣的機會，他們卻不領情，那就不是你的錯了。

最後要強調的是，雖然你可以讓周遭所充滿的那些無形物質，轉化爲你要的財富，但是這並不表示財富會從空氣裡無中生有，就這樣出現在你眼前。

比如說，假設你想要一部裁縫機，那麼並不是只要努力地在心中想像裁縫機，讓這樣的意念銘刻在那些無形存在體上，然後不需要任何行動，裁縫機就會自動出現在你房間或其他地方。我眞正的意思是，如果你想要一部裁縫機，那就在心中描繪出這部裁縫機的形貌，並且心中要絕對的肯定你要的裁縫機正在成型當中，或者正在朝你而來。你在思考與說話時，都要絕對確定自己會得到那部裁縫機，要如同你已經得到了一般。

運行於人心之上的那至高無上的智慧體會運用其大能，將裁縫機帶來你身邊。如果你住在緬因州，那麼可能會有某個人從德州或日本把你要的裁縫機運到美國，並且透過某種交易，讓你能得到你想要的東西，而在這種情形之下，不管是你還是那個人，都因此而得到了利益。

無時無刻都要記得：那智慧體無所不在、祂能通達一切、祂也能影響一切。那智慧體對更完整的生命與更好的生活的渴望，促成現有的裁縫機的製造；而祂還可以、也必定會再創造出更多，但先決條件是人們必須擁有渴望、信心，並且依照特定的方式行動，如此才能讓祂展開行動。

你絕對可以擁有裁縫機，同樣的，你也絕對可以擁有一切你想要的，以及可讓自己與他人的生命更加成長的東西。

神會讓每個能彈奏樂曲的人都擁有鋼琴等樂器，而且會讓他們擁有將他們的天賦培養至最高程度所需的財力。

你不必擔心是否要得太多。耶穌就這麼說過：「你們的父樂意把國賜給你們。」（譯註：出自《聖經．路加福音》十二章三十二節）那智慧體希望你能活出最大的可能性，而且也希望你能擁有你有能力且願意使用的、能讓你的生命更加豐富的一切事物。

如果你能完全相信自己對於擁有財富的渴望，就是那至高無上的智慧體想要更完全地展現自我的渴望，那麼你就會擁有不可動搖的信心。

我有一次看到一個小男孩坐在鋼琴前面，努力試著彈出和諧的旋律。這個小男孩對於自己沒有能力彈出好聽的音樂覺得非常氣惱。我問他爲什麼生氣，他說：「我可以感覺到自己內在的音樂，但是我的手就是無法配合。」他「內在的音樂」就是來自那智慧體，而那智慧體中也蘊含了生命的一切可能；前面所說的狀況，事實上就是音樂希望能透過那個孩子而呈現出來所造成。

神，也就是那無形的智慧體，希望能透過人類來體驗與享受一切，祂在說著：「我要讓人們的雙手都建立出壯觀的建築、彈奏出天堂般的樂曲、繪製出華麗的圖畫。我要讓人們的雙腳爲我而行，我要人們的雙眼能看見我所造的美景，我要人們的口中能傳講出偉大的眞理、並吟唱非凡的歌曲……。」

所有的渴望，都是人類的潛在可能希望能展現出來所造成。而神會讓每個能彈奏樂曲的人都擁有鋼琴等樂器，而且會讓他們擁有將他們的天賦培養至最高程度所需的財力。祂會讓每個懂得欣賞美好事物的人周邊圍繞著各種美的事物；祂會讓每個能領悟眞理的人有許多旅遊與觀察的機會；祂會讓每個懂得欣賞衣著的人都有好衣服可穿；祂會讓懂得品嚐食物的人都有好東西吃。

祂會讓這一切發生，是因爲這一切都是由祂所造的，而祂自己也想要享受與欣賞這一切。是祂自己想彈琴、唱歌、享受美好事物、傳揚眞理、穿好的、吃好的。使徒保羅也這麼說過：「因爲你們立志行事，都是神在你們心裡運行。」（譯註：出自《聖經．腓立比書》二章十三節）

> **你不必擔心要得太多，你的責任就是專注於你的渴望，然後告訴神你要什麼。**

你對財富的渴望，其實就是那智慧體希望能透過你來呈現祂自己，就如同祂希望透過那彈鋼琴的男孩而呈現一般。

因此，你不必擔心要得太多，你的責任就是專注於你的渴望，然後告

訴神你要什麼。

對大多數人而言，要這麼做並不容易。因爲他們仍抱持著一些舊觀念，認爲貧窮與自我犧牲可以讓神喜悅；他們認爲貧窮是那神聖計畫中的一部分，是自然界的必然結果。他們認爲神早已完成創造世界的工作，祂已創造出能造的所有一切，因此大多數的人必須要維持貧窮，否則世上僅有的這一切將不足以供應所需。這種錯誤的想法根深蒂固，使得他們羞於要求財富。他們盡可能不去追求擁有太多財產，他們只求能獲得適度的舒適。

這讓我回想起一個學生的案例。當時他才剛學到必須在心中清楚描繪出他想要的東西，才能將這些東西的創造性思想銘刻到那無形存在體之上。那時他很窮，住在租來的房子裡，身上永遠只有當天的薪水，當時他完全無法接受「人可以擁有一切財富」的事實。

後來在經過思考之後，他認爲要求一條新地毯應該還算合理，他想拿來鋪在他最大的房間；他還想要一個暖爐，這樣天氣冷的時候可以用來取暖。而在依照這本書所說方法的去做之後，他在幾個月之內就得到這些東西。

這時，他才發現自己之前要得實在太少。

他開始環顧所住的房子，計畫著要進行哪些整修；他在心中描繪出要在哪裡加一扇窗、要在哪裡加個房間……直到在心裡描繪出他理想中的房子的形貌，接著他又開始計畫要放哪些家具。

他將那圖像刻在腦中，並且開始依照特定的方式過生活，朝著他想要的一切前進。現在，他已經擁有理想中的房子，而且依照他心裡的圖像重新裝潢。而如今，因爲他的信心更堅定了，他也不斷地繼續獲得更好的事物。

依照他的信心，他獲得所想要的；你也可以如此，對我們每個人而言都是如此。

感謝

很多人幾乎做對了所有事，但是卻因為缺乏感謝而仍舊貧窮

你要相信這個智慧體會把任何你想要的東西給你。

透過上一章的說明，讀者應該已能了解獲得財富的第一步，就是將關於你想要的一切的思想傳達給那無形的智慧體。

這是眞的，而接下來你會發現，要做到這一點，就必須讓自己與那無形的智慧體建立一種和諧的關係。

由於建立並獲得這樣的和諧關係極爲重要，因此我必須花一些篇幅來討論，並給你一些方向。而如果你願意照著去做，那麼你的心靈將可以與那至高無上的力量，也就是神，成爲一體。

這整個心態調整的程序可以用兩個字來總結：感謝。

一、你要相信有一個智慧體存在，而萬事萬物都是透過祂才得以運行。

二、你要相信這個智慧體會把任何你想要的東西給你。

三、你需要透過深切與全然的感謝才能與祂建立關係。

有很多人在生活中幾乎做對了所有事，但是卻因爲缺乏感謝而仍舊貧窮。他們從神那邊得到了某些禮物，然而卻因爲不知感謝而切斷了與祂之間的聯繫。

如果我們住得越靠近財富的源頭，就能獲得越多財富，這道理應該不難理解；而我們也不難想像，一個永遠都在感謝神的靈魂，相較於一個從來不對祂表達感謝的靈魂，哪一個能與神更親近。

如果我們能養成在好事發生時就向祂表達感謝的習慣，那麼我們就會得到更多也更快。這原因很簡單：因爲如果懂得感謝，就能讓自己的心靈與那一切祝福的來源建立起更親近的關係。

懂得感謝，將會讓你的心靈與宇宙的各種創造能量建立更密切和諧的關係。如果你是第一次聽見這樣的說法，那麼請仔細思索，你一定也會同意這是正確的。你過去所經歷過的一切好事，都是因依循著某些特定法則而來臨的，而感謝可以引導你的心靈，使其順著這法則去行，並讓你更能以創造性的方式思考，使你免於落入競爭性的思維之中。

懂得感謝可以讓你具有整體觀，而不會落入「供給有限」的錯誤想法中，也不會做出無益於得到你所希望之物的行爲。

如果不懂得感謝，你將無法拋開對於事情現狀的不滿想法。

世上確實有一條關於感謝的法則存在，而如果你希望能得到想要的一切，就必須要遵循這個法則。感謝的法則與自然界的作用力與反作用力定律一樣，其作用力與反作用力永遠大小相等、方向相反。

當你的心靈對那至高無上的智慧體表達感謝時，你的心靈將會延伸擴大而釋放出力量，這力量會觸及你感謝的對象，而其反作用力也會即刻朝你而來。

「你們親近神，神就必親近你們。」（譯註：出自《聖經・雅各書》四章八節）這段詞句隱含著心靈層面的眞理。如果你的感謝夠強烈且持續，那麼來自那無形智慧體的反作用力也會同樣強烈且持續，如此，你所想要的一切事物也將永遠都朝你而來。像耶穌就是一直抱持著感謝的態度，他幾乎永遠說著：「父啊，我感謝你，因爲你已經聽我。」（譯註：出自《聖經・約翰福音》十一章四十一節）如果不知感謝，你能行使的力量將非常有限，這是因爲唯有感謝，能讓你與力量之源相互連結。

然而，感謝的價值並不只是可以讓你在未來獲得更多祝福。如果不懂得感謝，你將無法拋開對於事情現狀的不滿想法。

而就在你允許心中存在著對現狀的不滿想法的那一刻，你的心就開始失守了。你將會開始注意那些平凡的、低劣的、貧窮的、骯髒的，以及鄙陋的——你的心靈會開始接收這些事物的形貌，然後你會將這些形貌或心中的影像傳遞給那無形的智慧體。如此，那平凡的、貧窮的、骯髒的、鄙陋的一切都會來到你身邊。

如果你讓自己的心靈充滿低下的事物，就會使你自己變得低下，或使你周邊充斥著低下的事物。同樣的，如果能讓自己的注意力集中在最好的事物上，就會使自己周邊圍繞著最好的事物，並且讓自己也成爲最好的。我們把注意力集中在何種影像之上，我們內在的那股創造力量就會把我們變成那樣；這是因爲我們也都是由那智慧體所造，而那智慧體永遠會依照祂思想中的形貌而成形。

> 信心也是來自於感謝。懂得感謝的人會不斷期望好事發生，而這期望將會成為信心。

懂得感謝的人永遠都注意著最好的事物，因此會變得更好；這樣的人將能獲得最好的形體或性格，且將能得到最好的一切。

另外，信心也是來自於感謝。懂得感謝的人會不斷期望好事發生，而這期望將會成爲信心。當感謝力量的「反作用力」作用於人心之上時，就產生了信心，而此後心中所傳出的所有感謝想法都會更強化信心。一個不知感謝的人絕對無法長期保持堅定的信心，而如果沒有這樣的信心，就無法透過創造性的方式致富。我們將會在後面的章節中談到這個主題。

因此，你必須養成習慣，感謝遇到的每一件好事，並且持續地表達感謝。而又因爲基本上一切事物對你的成長都有幫助，因此你應該把所有一切都包含在感謝事項當中。

不要浪費時間思考或談論掌權者們有什麼缺點，或做了哪些錯事。因爲他們所組織的這個世界爲你創造了機會，如果沒有他們，你也無法獲得所獲得的一切。不要因那些腐敗的政客而發怒，如果沒有他們，現在我們將處於無政府狀態，而你能獲得財富的機會也會比現在少得多。

神花了很多時間、很有耐心地工作，才讓我們在工業與政府方面有這樣的成績，而祂仍在繼續動工當中。當這個世界不需要商業鉅子、企業首腦及政客時，祂勢必會將他們除去；但是在此時此刻，這世界還是需要他們。請記得，他們都在協助安排財富來到你身邊的路線，並請對此抱持感激。如果能這麼做，那麼你將可與美好的萬事萬物建立和諧的關係，這麼一來，美好的萬事萬物也都會朝你而來。

依照法則思考

你絕對不能忘記這圖像，如同舵手絕對不能不注意羅盤上的方向

仔細想想你的所有渴望，仔細想清楚你究竟想要得到什麼，然後在心中清楚描繪出其圖像。

請翻回第六章，並再次閱讀那位在心中描繪理想家園的人的故事，如此你將能對獲得財富的第一步有更清楚的概念。你必須先在心中爲你想要的東西描繪出清楚且明確的圖像，因爲如果你心裡沒有任何想法，當然也就無法傳送出任何想法。

你必須要先擁有之後才能給出去，很多人對於他們想做的事、想要的東西，以及想成爲的人只有很模糊的概念，也因此他們無法成功地將這一切傳達給那智慧體。

光是希望能多擁有一些財富來「做好事」是不夠的，因爲每個人都這麼希望。如果光是希望能到處旅行、欣賞各種事物、獲得更多體驗，那也是不夠的，因爲每個人也都這麼希望。如果你要傳送電報給朋友，那麼你不會只是依照次序傳送每一個英文字母，然後讓你的朋友自己想辦法了解訊息內容；你同樣也不會隨便從字典裡挑一些字出來傳給你的朋友，你一定會傳送能清楚表達某些意義的完整句子。

請記得，當你要將你的願望銘刻至那智慧體之上時，你的描述必須要非常清楚，你必須明確且清楚地知道自己要什麼。如果你傳送出去的只是一些未成型的憧憬或模糊的盼望，那麼就絕對無法獲得財富，也無法讓那創造性的力量開始運作。

請像我先前所說的那個人描繪他的理想家園時一樣，仔細想想你的所有渴望，仔細想清楚你究竟想要得到什麼，然後在心中清楚描繪出其圖像。

當你真的想要致富時，那渴望所產生的力量就會強大到足以導正你的思想，讓你的思想方向永遠與你的目的一致。

你必須隨時都將這圖像烙印在腦海中。你必須無時無刻都看著它，就如同船員駕船航行時，隨時都將港口的形象烙印在腦海中一般。你絕對不能忘記這圖像，就如同舵手絕對不能不注意羅盤上的方向。

你並不需要特別去做集中注意力的練習、不需要特別安排時間做禱告或自我肯定的動作、不需要刻意靜坐冥想，也不需要參加什麼超自然的心靈課程。這類活動有些固然有其好處，但是你需要的不過就是了解自己要什麼，而且讓自己想要的程度高到足以讓這樣的想法烙印在腦海中。

你可以在閒暇時盡可能多花點時間想清楚你要的東西的圖像，然而，沒有人會需要接受讓自己專注於想要的東西上的訓練；只有對不是真正在乎的東西，才會需要特別花費心力去集中注意力。

當你眞的想要致富時，那渴望所產生的力量就會強大到足以導正你的思想，讓你的思想方向永遠與你的目的一致，就如同磁極對羅盤指針的影響一般；而如果沒有做到這一點，那麼即使照著本書裡的這些教導去做，也無法發揮最大的價值。

這裡提供的各種方法，僅適用於對於致富具有強烈的渴望，而能克服內心好逸惡勞的惰性，將這些方法付諸實行的人。

如果你描繪的圖像夠清楚明確，那麼你越是在腦海裡想著這圖像、更清楚地描繪出那景象的一切細節，你的渴望就會更加強烈。而渴望越是強烈，就越容易讓你的思想專注在你所想要事物的圖像上。

不過，除了要能清楚看見圖像之外，還需要其他條件。因爲如果你只有做到這個，那麼你只是一個夢想家，幾乎沒有達到任何成就的力量。在清楚的願景背後，還需要有將願景實現、讓想像成爲實體的「決心」；而在這決心的背後，需要有強大且不動搖的「信心」，要相信你想要的都已經屬於你，相信你想要的已經在手邊，而你只要伸手去拿即可。

在心中想像居住在新房子裡，直到這想像成爲實體；在你內心的國度裡享受你想要的一切。

耶穌說過：「凡你們禱告祈求的，無論是什麼，只要信是得著的，就必得著。」（譯註：出自《聖經・馬可福音》十一章二十四節）

在心中想像已擁有那些東西，並全然相信那真的是屬於你的，不要有任何一刻動搖了「你擁有這一切」的信心。

想像你想要的一切，如同它們一直都在你身邊一般；想像你一直都擁有著、並且使用著那些東西。想一想當你眞的獲得那些東西時會如何使用它們，並在你的想像世界中實際使用那些東西。

仔細思考你要的一切，直到那圖像變得清晰，然後讓自己建立起這樣的心態：「這圖像中的一切都是屬於我的。」在心中想像已擁有那些東西，並全然相信那眞的是屬於你的，不要有任何一刻動搖了「你擁有這一切」的信心。

另外，也別忘了前一章所說關於感謝的內容，想想看，如果想像成眞時會有多感謝，然後無時無刻都讓自己抱持著這樣的感謝心情。能爲了目前仍只能在想像世界中擁有的東西，而眞誠地向神表示感謝之意的人，才是擁有眞正的堅定信心的人。這樣的人一定會致富，這樣的人能使他想要的一切事物被創造出來。

你並不需要不斷爲你想要的東西重複禱告，沒有必要每天都跟神說這些。你的責任是想清楚你對那些能讓生命更豐富的事物的渴望，並將你的各種渴望整理好，然後將結論告訴那無形的智慧體；祂有能力、而且也必定會帶來你想要的一切。

然而，告訴祂的方式並不是透過一大堆重複的文詞，而是要透過清楚的願景，以及不動搖的、必定要獲得想要的一切的決心，還有相信已經得到的堅定信念。

禱告是否能獲得回應，並不是由言語中展現了多大的信心來決定，而是由你在實踐時展現了多大的信心來決定。

如果你特別安排出一天作爲安息日，來告訴神你想要什麼，然而一週的其他時間卻都忘了祂，這樣是無法打動神的；同樣的，即使你每天都安排特定的時間躲到衣櫥裡禱告，但到下一次禱告時間之前卻都忘了這回事，也同樣無法打動祂的心。

口語的禱告有其好處，也有其效果，特別是對你自己而言，口語禱告確實有助於釐清願景與加強信心；然而，能讓你得到想要的東西的並不是口頭上的祈求。想要獲得財富並不需要特別安排一段「禱告良辰」，而是要「不住的禱告」。

而我所說的禱告，指的是要倚著必定要讓願景成眞的決心，以及相信你正在讓願景成眞的信心，不動搖地懷抱著你的願景。請記得：「只要信是得著的，就必得著。」

在你心中開始住在新家裡、穿新衣服、開你想要的車、去想去的地方旅行，並安心地繼續計畫更偉大的旅程。

一旦你能在心中清楚描繪出願景，就要開始準備得到你所描繪的一

切。在你描繪出願景之後，就可以開始用口頭陳述的方式向造物主表達感謝，然後你也必須從此刻開始，在心中接受你所要求的東西。

在你心中開始住在新家裡、穿新衣服、開你想要的車、去想去的地方旅行，並安心地繼續計畫更偉大的旅程。在想到或談到所有你已要求的事物時，都要用如同現在就已經擁有了的方式來思考或說話。想像你想要的環境與財務狀況，並在想像世界中生活在這樣的環境與財務狀況裡，直到這一切都成爲實體。

然而，在這麼做的時候，要小心不要只是變成一個空想者或夢想家。你要抱持著想像必會成眞的「信心」，以及一定要讓想像成眞的「決心」。請記得科學家與夢想家的差別，就在於除了想像力之外，是否還具備信念與決心。

了解了這些事實之後，接下來，你必須學習如何正確地運用意志力。

CHAPTER 9

如何正確運用意志力？

如果你想要致富，就不要花時間去研究貧窮

想要致富，只要將意志力運用在你自己身上即可。

要依照法則尋求致富，就不可意圖將意志力運用在自己以外的對象之上。

事實上，你也沒有權利這麼做，將意志力用在他人身上，想迫使他人去做你希望的事是不對的。

透過心智的力量去強迫別人，事實上跟透過肉體的力量脅迫別人一樣，都是罪大惡極的錯誤行爲。如果說藉由暴力脅迫別人爲你做事，是一種奴役別人的行爲，那麼如果透過心智力量這麼做，其實也是相同的行爲，其差別不過是所用方法不同而已。如果以暴力搶奪他人的物品，是一種強盜行爲，那麼透過心智力量這麼做，也一樣是強盜的行爲，基本上這兩種方式沒有任何差別。

你沒有權利將意志力運用在他人身上，即便是「爲他好」也是一樣，這是因爲你根本無法知道怎樣做才眞的對他有好處。要運用致富的法則並不需要以任何方式、將任何力量強加在任何人身上。而且事實上，當你嘗試將意志強加於他人時，反而會使你無法達成自己的目的。

你也不需要將意志力強加於各種事物之上，希望透過這樣的方式獲得這些事物。這種行爲等於是想要強迫神做某些事，這會是相當愚蠢的事，而且也根本沒有用。

你根本不需要強求神給你美好的事物，就像你不會需要運用意志力來讓太陽升起一般。

你並不需要運用意志力來打敗某種對你不友善的無形力量，或讓那些難以控制的力量聽從你的召喚。那智慧體永遠都會支持你，而且祂比你更急於要讓你得到想要的東西。

事實上，想要致富，只要將意志力運用在你自己身上即可。

用你的心靈來描繪你想得到的一切，並且以信心與決心來支持這樣的願景。

當你了解到應該怎麼想、怎麼做的時候，就必須運用意志力要求自己去想與做那些正確的事。這才是意志力的正確運用方式——讓你能依循正確的方向前進。

你必須運用意志力，讓自己能依照特定的方式去思考與行動。不要想把你的意志力、思想或心靈投射到虛空中，來影響其他人、事、物。讓你的心靈停留在你裡面，在那裡，你的心靈可以做到更多事情。

用你的心靈來描繪你想得到的一切，並且以信心與決心來支持這樣的願景。然後運用你的意志力，讓心靈能依照正確的法則去行。

你能越穩定且持續地抱持著信心與決心，就會越快致富；因爲這麼一來，你將只對那智慧體傳送正面的訊息，而不會以負面的訊息來減損其力量。

那無形存在體會接收到你描繪的圖像，並使這圖像散佈到整個廣大的宇宙當中。當訊息傳播開來時，萬物都會爲了要使其實現而開始動作。不論是有生命的、無生命的或尚未被創造的一切，都會努力讓你想要的一切成爲實相。一切力量都會開始朝這個方向匯聚，萬物開始朝你聚集而來；

各地的人在無意識中都會受到影響，而開始去完成要實現你的渴望所需要的條件。

然而，如果你對那無形存在體傳送負面的訊息，就會使這一切停止。如果信心與決心可以讓你想要的一切聚集而來，那麼懷疑將可使這一切遠離。大多數人之所以失敗，就是因爲不了解這一點。每當你懷疑與恐懼時、每當你擔心時、每當你靈魂中充滿不信任時，都會讓那智慧體開始遠離。唯有相信的人才能夠得到。

由於「相信」如此重要，因此你必須善加看管你的思想；而由於你相信的程度取決於你所見、所聞、所思的事物，因此你必須小心處理平常關注的事物。這也是需要運用意志力的時候，因爲要把注意力集中在哪一類的事物上，完全是由你自己來決定。

不要談論貧窮，不要研究貧窮，也不要擔心自己會不會貧窮。

如果你想要致富，那麼就不要花時間去研究貧窮。

如果總是朝著相反的方向去思考，就不可能讓真正想要的事物成真。研究與思考疾病無法帶來健康，研究與思考罪惡無法帶來公義；同樣的，也沒有人能透過研究與思考貧窮而獲得財富。

醫學是一門研究疾病的科學，因此使疾病增加；宗教是一門研究罪惡的科學，也因而增加了罪惡；而經濟學專注於貧窮現象的研究，將會使這世界上滿是不幸與匱乏。

不要談論貧窮，不要研究貧窮，也不要擔心自己會不會貧窮。不要管是什麼原因導致貧窮，那都與你無關。唯一與你有關的是解決之道。

不要花時間在那種所謂的慈善工作或慈善運動上，大多數的慈善事業不但無法消滅世間的不幸，反而還會助長它。

我的意思並不是要你當冷血動物，對他人的需要聽而不聞，而是請你別再嘗試用那些「傳統的」方式來消除貧窮。請將有關貧窮的一切拋在腦後，先努力讓自己的生命能夠完整。你一定要讓自己變得富有，這是幫助貧窮人的最佳方式。

而如果你讓心中充滿有關貧窮的圖像，那麼就沒有空間可容納那些可讓你變得富有的心靈圖像。不要閱讀那種報導貧民窟的人有多不幸，或是童工的生活有多悲慘之類消息的書籍或報紙，不要閱讀任何會讓匱乏與苦難的影像進入你內心的東西。

就算你知道這些狀況，也無法對那些貧苦的人產生絲毫的幫助；而大量散佈這樣的訊息，也完全無助於消除貧窮。

要讓貧窮在世界上絕跡的唯一方式，就是讓更多人開始實踐本書所教導的法則。

讓有關貧窮的圖像進入你的內心並無法消除貧窮；如果要消除貧窮，應該讓窮人們內心中充滿代表著財富、豐足，以及可能性的圖像。

不讓那些不幸案例的圖像充滿你內心，並不代表棄他們於不顧。

讓更多富人去思考貧窮並無法消滅貧窮，要真正消滅貧窮，就必須讓更多貧窮人建立起獲得財富的信心與決心。

貧窮人需要的不是施捨，而是心靈上的鼓舞。透過慈善事業，只能在他們遭遇不幸時給他們一塊麵包，讓他們得以繼續生存；或給他們一些娛樂，讓他們暫時忘掉自己的不幸。但是，透過心靈上的鼓舞，卻可以讓他們起身對抗不幸。如果你真的想要幫助貧窮人，那麼就向他們證明他們也能夠富有——透過讓自己致富來證明給他們看。

要讓貧窮在世界上絕跡的唯一方式，就是讓更多人開始實踐本書所教導的法則。

每個人都必須學習透過創造、而非透過競爭而致富的方法。

以競爭方式致富的人，會毀掉讓自己向上爬的樓梯，讓別人無法趕上他；然而以創造的方式致富的人，則會開拓出一條能讓數千人跟隨的大道，同時也激勵他們照著做。

當你拒絕去憐憫、去看、去閱讀、去思考、去談論或聽別人談論貧窮時，並不代表你就是個鐵石心腸或無情的人。請善加運用你的意志力，讓心中沒有任何有關貧窮的想法存在，同時倚著信心與決心，讓你的內心能專注於你想創造的願景之上。

意志力的進一步使用

這世界不會歸向魔鬼——這世界會變得越來越美好

不要談論自己的父母有多窮，也不要談論自己早年遭遇的生活困境。因為當你這麼做時，就是在心裡將自己歸類為貧窮人。

如果總是將注意力集中在與財富相反的畫面上（不管是由外界接收到的還是自己想像的），你將很難對「擁有財富」這件事保持眞實且清楚的願景。

就算你過去在財務上曾遭遇困難，都不要再談論它，也從此不要再想那些事。不要去談論自己的父母親有多貧窮，也不要談論自己早年遭遇的生活困境。因爲當你這麼做時，就是在心裡將自己歸類爲貧窮人，而這麼做將會使那些正在朝你靠近的好事停下腳步。所以，請把一切與貧窮有關的事物都拋在腦後。

現在你已接受這宇宙中有這麼一個正確的理論，而且也把獲得快樂的希望寄託在這理論之上。那麼，再去了解其他觀念有衝突的理論，對你會有什麼好處呢？

不要去閱讀那些告訴你世界末日就要來到的書籍，不要去閱讀那些專門揭人瘡疤的人寫的作品，也不要去閱讀那些倡言這世界將歸向魔鬼的悲觀哲學家們所寫的著作。這世界不會歸向魔鬼，這世界必歸向神——這世界會變得越來越美好。

沒錯，世上是有很多無法盡如人意的東西存在，但是那些東西最後必然消逝，而如果我們專注在研究它們，這時反而會拖慢它們消逝的速度、讓它們繼續存在於我們身邊。如果了解這道理，還有什麼理由讓我們再去研究那些東西呢？如果我們只需要專注於讓自身不斷成長，就可以加速那些東西的淘汰，那爲何還要把時間與注意力放在那些最後必定會被淘汰的東西上呢？

你必須全心專注於心中的那幅財富藍圖，並將所有會使你的願景模糊、黯淡的事物徹底排除。

也許有些國家或地區目前的狀況眞的很可怕，但是如果老是想著那些狀況，只會浪費自己的時間，並摧毀屬於自己的機會而已。

我們都應該把注意力集中在「如何讓這整個世界變得富有」。

我們要相信這世界正朝著越來越富有的方向前進，而非朝向越來越貧窮的方向倒退。同時我們也要牢記：如果想爲「讓世界變得更富有」這件事貢獻一己之力，唯一的方式就是透過創造、而非競爭的方式讓自己致富。

把注意力完全集中在如何致富之上，而不要專注在貧窮之上。在想到或說到貧窮人的時候，請把他們視爲「正逐漸變得富有的人」，把他們視爲即將接受喝采而不是需要他人憐憫的人。當我們這麼做時，他們將能感受到那心靈上的激勵力量，並開始爲自己尋找出路。

這裡所提出的「人應該將所有的時間與心思都放在尋求財富上」的觀念，並不會讓你變成一個利慾薰心或小氣的人。「成爲眞正富有的人」可說是一個人在一生當中所能追求最崇高的目標，因爲這個目標包含了其他所有一切。

如果在競爭的世界尋求致富，那麼人們將會是透過競逐控制他人的權力來致富；但是當我們擁有創造性的思維時，這一切都會全然改變。在尋求財富的過程當中，隨著可供運用的物品的增加，各種偉大的、崇高的善行也都會隨之而生。我再重複一次：世上沒有比「讓自己變得富有」更偉大或崇高的目標，因此你必須全心專注於心中的那幅財富藍圖，並將所有會使你的願景模糊、黯淡的事物徹底排除。

本書針對「致富」的法則提供了最詳盡的說明，你不需要再讀其他主題相同的書籍。

有些人之所以貧窮，是因爲他們不知道世上有屬於他們的財富存在著；要教導這類人最好的方式，就是由你親身實踐這方法並獲得財富給他們看。另外有些人之所以貧窮，是因爲他們雖然知道有出路存在，但是卻好逸惡勞，不肯花心思找到那條出路並且開始行動；對這些人而言，最好的方式就是在他們面前展現用正確的方式致富之後帶來的喜悅，以此來激發他們的渴望。

還有一些人之所以貧窮，是因爲雖然他們對於致富法則有些許的概念，但是世上鋪天蓋地的眾多理論讓他們迷惑，不知該依照哪一條路去走。他們試著融合使用各種系統，卻沒有一個成功；對這些人而言，最好的方式仍是由你親身實踐這方法並獲得財富給他們看，因爲說再多的理論都不如一次的實作。

人能爲整個世界所做的最大貢獻，就是讓自己完整。

如果你想爲神與全人類服務，那麼讓自己致富就是最有效率的方式；不過，前提是你必須是透過創造性、而非競爭性的方式致富。

另一件要說明的事是：我們認爲這本書針對「致富」的法則提供了最詳盡的說明，而如果這話屬實，那麼你也就不需要再讀其他主題相同的書籍了。這聽起來可能有點狹隘與自負，但是請想想看：在數學中，除了加、減、乘、除之外，沒有其他計算方式存在。兩點之間只有一條最短的距離，同樣的，要以科學的方式思考也只有一個方式，那就是以能找出與目標之間、最直接也最簡單的路徑的方式去思考。而到目前爲止，還沒有人能提出一個比本書所提出的更簡短、更容易明瞭的系統，這套系統已經去蕪存菁過了。因此，當你開始使用這套系統時，請先把其他系統擺在一旁，先把那些系統完全從你腦海中移除。

每天都要閱讀這本書。隨身攜帶這本書，把整本書背誦起來，同時不要再去思考其他的「系統」和理論。因爲如果同時間還思考著其他系統的話，腦中就會產生懷疑、不確定及猶豫，而這樣將會使你遭遇失敗。當你達到目標、成功致富之後，就可以依你的喜好隨意研究各種系統。

此外，請讓自己僅閱讀正面的新聞，僅閱讀那些與你心中藍圖協調一致的消息，千萬不要沉溺在神智學、通靈術之類的研究。也許那些已死去的人確實還存在，而且還離你很近；但就算眞是這樣，也別去叨擾他們，你只要管好自己的事就夠了。

不管死去的人靈魂會歸向何處，他們有他們自己的事要忙，我們沒有權利去干擾他們。我們無法幫助他們，也無法確知他們是否眞能爲我們提供幫助；就算他們眞能幫助我們，我們又是否有權佔用其時間？不要管死去的人或死後的世界如何，專心解決你自己的問題：致富。如果你的想法被那些神祕學所混淆，你的心中就會開始出現反對這些法則的意見，而你的一切希望也將因而破滅。

以下整理出本書目前爲止所提出的重點摘要：

■ 世上有一種智慧體存在著，而萬物都是由此存在體所造成；當這存在體處於原始狀態時，能滲透、穿入並充滿宇宙中的所有空隙。

- 這智慧體中的任一個思想，都會造就出那思想所描繪之物。
- 人可以在其思想中塑造各種事物，而當人將其思想銘刻至無形智慧體上時，將可導致所想事物的創造。
- 要做到這一點，就必須由競爭性思維轉換為創造性思維。他需在心中將想要得到的事物描繪清楚，並藉由必定要得到的不變決心、確信必定會得到的堅定信心，使這圖像長留心中，同時也不讓心靈接收會動搖其決心、模糊其願景、澆熄其信心的任何事物。

接下來，我們要開始了解一個人要如何依循法則來生活與行動。

CHAPTER 11

如何依法則採取行動？

透過思想，可以讓埋藏在深山中的黃金朝你而來

你必須要做好安排與準備，如此當那些黃金來到面前時，你才有辦法收到。

思想本身具有創造的力量，或者也可以說思想能讓創造萬物的力量開始運作。然而，雖然依照這法則去思想確實可以帶來財富，但人卻不能只是空想，而忽略付諸行動的重要性。許多人之所以失敗，就是因爲沒能將思想與行動相互結合。

人類還沒有發展到不需要經過自然界的既定流程，或不需要透過雙手工作，就能直接由那無形存在體創造出萬物的階段——我們甚至都還無法想像自己能夠做到。因此，人不能只會空想，我們的行動也必須要能支援想法才行。

透過思想，可以讓埋藏在深山中的黃金朝你而來，但是黃金沒辦法自己開採自己、提煉自己，也不能把自己鑄造成金幣，再自己跑進你的口袋裡。

那至高無上的智慧體會安排好所有一切，祂會安排一些人去開採那些黃金，並安排一些人透過商業交易而把黃金帶來給你，而你則必須要做好安排與準備，如此當黃金來到面前時，你才有辦法收到。你的思想可以讓世上萬物都為你工作、為你帶來你想要的一切；但是東西到面前時你能否收得到，則取決於你的行動。你不是要接受施捨或偷竊的方式來得到金錢，因此，你必須為對方提供實用價值，其價值必須大於你索取的金錢價格。

如果要依照法則運用思想，首先必須在心裡為你所想要的一切描繪出清楚的影像，並下定決心要獲得這一切，同時堅定地相信自己必會獲得，且因此而不斷感謝。

不要認為能透過一些怪力亂神的方式把你的思想傳送出去，然後想做的事就會自動完成，這樣做只是浪費力氣，而且會讓你無法正常思考。

透過思想，可以把你要的東西帶來給你；透過行動，你才能收下這些東西。

關於「如何致富」這個問題，在前面幾個章節中已經詳細說明思想部分應採取的行動——藉信心與決心之助，可以將你的願景傳送給那無形的存在體，而由於這存在體跟你一樣都希望讓你的生命得以提升，因此當祂接收到你的願景時，就會讓存在於各種管道的一切創造力量開始爲你工作。

指導與監督這整個創造過程不是你的工作。要創造出所想要的，你要負責的只有堅持你的願景、堅定你的決心、維持你的信心，以及不斷感謝，如此而已。

不過，除此之外你還必須要依照法則行動，因爲唯有如此，當你想要的東西來到時，你才知道該收下；也唯有這樣，你才能跟心中藍圖所描繪的事物作比對，然後在得到你要的東西時，把它們放在最適當的位置。

你應該可以認同這說法的眞實性。你想要的東西必定會是透過某個人送到你面前，而他會向你要求同等價値的東西來交換。因此，如果想要得到你想要的東西，唯一的方式就是給對方他要的東西。

不要期待能不需付出努力，就讓你的錢包自動長出滿滿的鈔票。人的思想與行動必須相互結合，這就是致富法則中的一大重要關鍵。世上有很多人因具有強大且堅定的渴望，而成功地讓那創造力量開始爲他運作（不管他是了解法則而做到還是出於無意），然而這些人卻仍然貧窮，原因就是他們沒有做好準備，因此在他們想要的東西來到時，也無法收下。

透過思想，可以把你要的東西帶來給你；透過行動，你才能收下這些東西。

不管你該採取哪些行動，顯而易見的是你必須要「立刻」開始行動。人無法在「過去」採取行動，而且如果要讓腦海中的願景更爲清晰，也必須把過去的事情從心中除去；人也無法在「未來」採取行動，因爲未來還沒有來到，不管你對未來面對某種狀況時將如何行動做再多的預想，但直到那狀況眞的發生之前，你仍無法確定在面對那樣的狀況時自己究竟會如何反應。

心裡想著未來的事，就無法專心做好眼前的事。因此，請將所有的心思意念都集中在目前的行動上。

不要因爲目前從事的行業或工作環境不對，就認爲應該等找到對的行業或工作環境之後再開始採取行動，也不要浪費時間思考未來遇到某些意外狀況時要如何處理；要相信自己不管遇到什麼狀況，都有能力在當下做出最適當的處置。

如果在採取行動時，心裡卻想著未來的事，就無法專心做好眼前的事。因此，請將所有的心思意念都集中在目前的行動上。

不要只是傳送訊息給無形智慧體，然後就坐下來等待結果，這樣做永遠也無法得到你想要的東西。現在就採取行動。除了「現在」之外，別無他時；這道理現在是如此，未來也永遠都是如此。如果要開始爲未來能獲得所想要的而預作準備，那就立刻開始吧！

而不管你要採取什麼行動，那行動都必須跟你目前所作的事業或工作有關、必須與你目前所在的環境裡的人或事有關。

你無法在你不在的地方採取行動。你無法在你昨天所在的地方採取行動，也不可能在將來才會去的地方採取行動；唯一能讓你採取行動的，只有當下所在之處。

- 不要煩惱昨天的工作做得好不好，只要專心把今天的工作做好即可。
- 不要想在今天做明天的工作，在該要做那工作的時候，永遠會有足夠的時間可以完成。
- 不要用一些怪力亂神的方式來影響在你個人可影響範圍內的人、事、物。

■不要想等環境改變後再採取行動，而要透過行動來改變環境。

你可以對目前所在的環境採取行動，以讓自己能轉換到更好的環境；你要以堅定的信心與決心支持心中對理想環境的願景，但同時仍全心全力在目前的環境中採取行動。

帶著信心與決心，在目前的工作上全力以赴，同時在心中保有那理想工作的願景，就必然可以得到你想要的工作。

踏出致富的第一步時，並不需要到處去尋找一些新奇、特別的方法，或想讓這一步跨得轟轟烈烈。你在現階段需要採取的行動，很有可能是你過去曾經做過的事，然而，現在你已經懂得如何依循法則行動，而這麼做

將必定使你致富。

如果你覺得目前從事的工作並不適合你，千萬不要等到找到合適的工作後才開始行動。不要因爲被擺錯位置就覺得失望或唉聲嘆氣，沒有人會因爲一時被擺錯位置，就永遠找不到適合自己的位置；同樣的也沒有人會因爲目前的行業不適合，就永遠進不了適合自己的行業。

在心中描繪你理想工作的願景，並以必定要獲得那工作的決心，以及確信你必能進入那行業、且正在朝這目標前進當中的信心支持這願景，同時努力在目前的工作上採取正確的行動。把目前的工作當作獲得更好工作的跳板，把目前的環境當作進入更好環境的媒介。如果能以信心與決心來支持想獲得適合工作的願景，那麼那無形的力量就會把最適合你的工作帶來你身邊；而如果你能依照法則去行動，那麼你也會朝著那最適合你的工作而去。

如果你是受薪階級的人，你覺得必須要換工作才能得到你想要的東西，那麼千萬不要只是對這宇宙投射出你的思想，就想靠祂幫你安排另一個工作，這是不可能的。

你必須帶著信心與決心，在目前的工作上全力以赴，同時在心中保有那理想工作的願景；只要這麼做，就必然可以得到你想要的工作。

你的願景與信心將可使那創造力量開始運作，把你想要的工作帶來；而你所採取的行動也會使得環境中的各種力量，協力將你推向你想要的工作。

最後，我們爲先前記下的摘要添加一段內容，作爲本章的結尾：

■ 世上有一種智慧體存在著，而萬物都是由此存在體所造成；當這存在體處於原始狀態時，能滲透、穿入並充滿宇宙中的所有空隙。

■ 這智慧體中的任一個思想，都會造就出那思想所描繪之物。

■ 人可以在思想中塑造各種事物，而當人將思想銘刻至無形智慧體上時，將可導致所想事物的創造。

■ 如欲做到此事，人必須由競爭性思維轉換為創造性思維。他需在心中清楚描繪所欲事物的圖像，並倚著必定要得到所欲事物的不變決心、確信必會得到的堅定信心，不讓心靈接收任何會動搖其決心、模糊其願景、澆熄其信心的一切事物。

■ 為了能在所欲事物來臨時得以接收，人必須當下就開始對目前所在環境的人、事、物採取行動。

採取有效率的行動

如果你能多做有效率的事，那你就一定能致富

如果每一天都是失敗的一天，那麼你永遠都無法致富；反之，如果每一天都是成功的一天，那麼你就絕對會致富。

你必須依照前面章節中所教的方式運用思想，並開始去做所有現階段能做的事。

如果希望自己能進步，就必須讓自己的能力超過目前的職責，一個不把目前職責相關的工作做完的人，是不可能擁有超過其職責的能力的；也是因爲有不滿現狀而力求進步的人存在，這個世界才能進步。

如果世上每個人都不做好自己該做的事，那麼可以想見一切都將退步。不把自己的責任完成的人對社會、對政府、對經濟、對企業都是一種累贅，因爲其他人會需要花很大的代價來照顧他們。這些不肯做好該做事情的人，將會拖慢這世界進步的速度，這些人是屬於古早時代的人，他們會逐步退化。如果社會中每個人的能力都低於其職責，那麼這個社會將無法進步，因爲社會的進化是由人們身體與心靈的進化程度來決定的。

在動物的世界中，進化是來自於生命的超越。當某個有機體目前擁有的機能無法完全展現其生命潛能時，就會發展出層次更高的器官，於是就產生一個新的物種。

如果沒有這些願意超越自我的有機體存在，也就不會有新的物種出現。對你而言，這法則也是相同的；如果想要致富，就必須把這個法則運用在與你相關的事務上。

我們度過的每個日子要不就是成功的一天，要不就是失敗的一天，能讓你得到你想要的東西的，是那些成功的日子。如果你的每一天都是失敗的一天，那麼你永遠都無法致富；反之，如果你的每一天都是成功的一天，那麼你就絕對會致富。

如果某件事情明明可以今天做完，但你卻沒有做到，那麼就這件事情來說，你是失敗了，而之後可能帶來的後果，會比你所想像的要嚴重很多。

一個人會失敗，是因為用沒有效率的方法做的事情太多，用有效率的方法做的事情太少。

你無法預知某個行動將帶來何種結果，你也無法知道那無形力量到底為了你的利益做了哪些事。很多時候，這力量是否運作，端視你是否採取了某些簡單的行動，且這往往是能否打開機會之門的最大因素。你永遠無法得知那至高無上的智慧體究竟如何爲你安排一切，如果你疏忽或沒做好某些小事，就可能會大幅延遲你得到想要東西的時間。

所以，每天都要做到當天可以做到的所有事情。

然而，上面這句話有一些需要注意的要點：這並不是要你讓自己工作過勞，也不是要你盲目地埋首於工作中，努力想在最短時間內完成最多的工作。這不是要你今天就努力把明天的工作完成，也不是要你試著在一天之內把一星期的工作做完。

重要的並不是完成的工作數量，而是進行每一個行動時的效率。

我們所採取的每個行動要不就是成功的行動，要不就是失敗的行動。

我們所採取的每個行動，要不就是有效率的行動，要不就是沒有效率的行動。

每個沒有效率的行動都是失敗的行動，而如果你都把生命耗費在採取沒有效率的行動上，那麼你的整個生命都會失敗。如果你所採取的行動大多是沒有效率的行動，那麼事情做得越多，狀況反而會越糟糕。

反過來說，每個有效率的行動都是成功的行動，而如果你的生命中的每一個行動都是有效率的行動，那麼你的整個生命也就會成功。

一個人會失敗，就是因爲用沒有效率的方法做的事情太多，而用有效率的方法做的事情太少。

也就是說，如果你能完全不去做沒有效率的事，而能多做有效率的事，那你就一定能致富。到這裡你又可以發現，只要能讓每個行動都成爲有效率的行動，那麼「致富」這件事就可以簡化成跟數學一樣的一門精準科學了。

這麼一來，問題就轉移到要「如何」才能讓每個不同的行動都成為成功的行動，這一點是你絕對可以做到的。你絕對可以讓每個行動都成功，因為那萬有之力會陪著你一同工作，而那力量是不可能失敗的。

那力量正等候你的吩咐，只要你將那力量灌注於所有行動上，那麼每個行動都會成為效率的行動。

在採取每一個行動時，不管有多微不足道，都要懷抱著你的願景。

我們所採取的行動，要不就是有力的，要不就是軟弱的；而當每個行動都是有力的行動時，就表示你正依照那可讓你致富的法則而行。

如果你能在採取任何行動時，都懷抱著願景，並且將信心與決心的力量貫注於行動中，那麼每一個行動都會是既有力且有效率的行動。

這就是爲什麼習於將行動與心靈力量分開的人會失敗的原因。這些人在某些地方、某些時間運用心靈的力量；但卻在別的地方、別的時間用別的方式採取行動。他們的行動將永遠不會成功，因爲其中有太多沒有效率的行動了。然而，如果能將那萬有之力灌注於每個行動中，那麼不管那行動有多麼平常，都會是一個成功的行動。而由於每一次的成功都自然會開啓通往其他成功的道路，因此你追求想要一切的進度，以及你想要的一切朝你靠近的進度，其進展也都會越來越快速。

請記得，成功行動的結果是有累積性的。由於萬物都有渴望讓生命更完整的天性，因此，當某個人開始追求更完整的生命時，也會有很多東西自然加到他身上，而他的渴望所產生的影響力也因而倍增。

每天都要完成當天可以做到的所有事情，而且要用有效率的方式來採取每個行動。

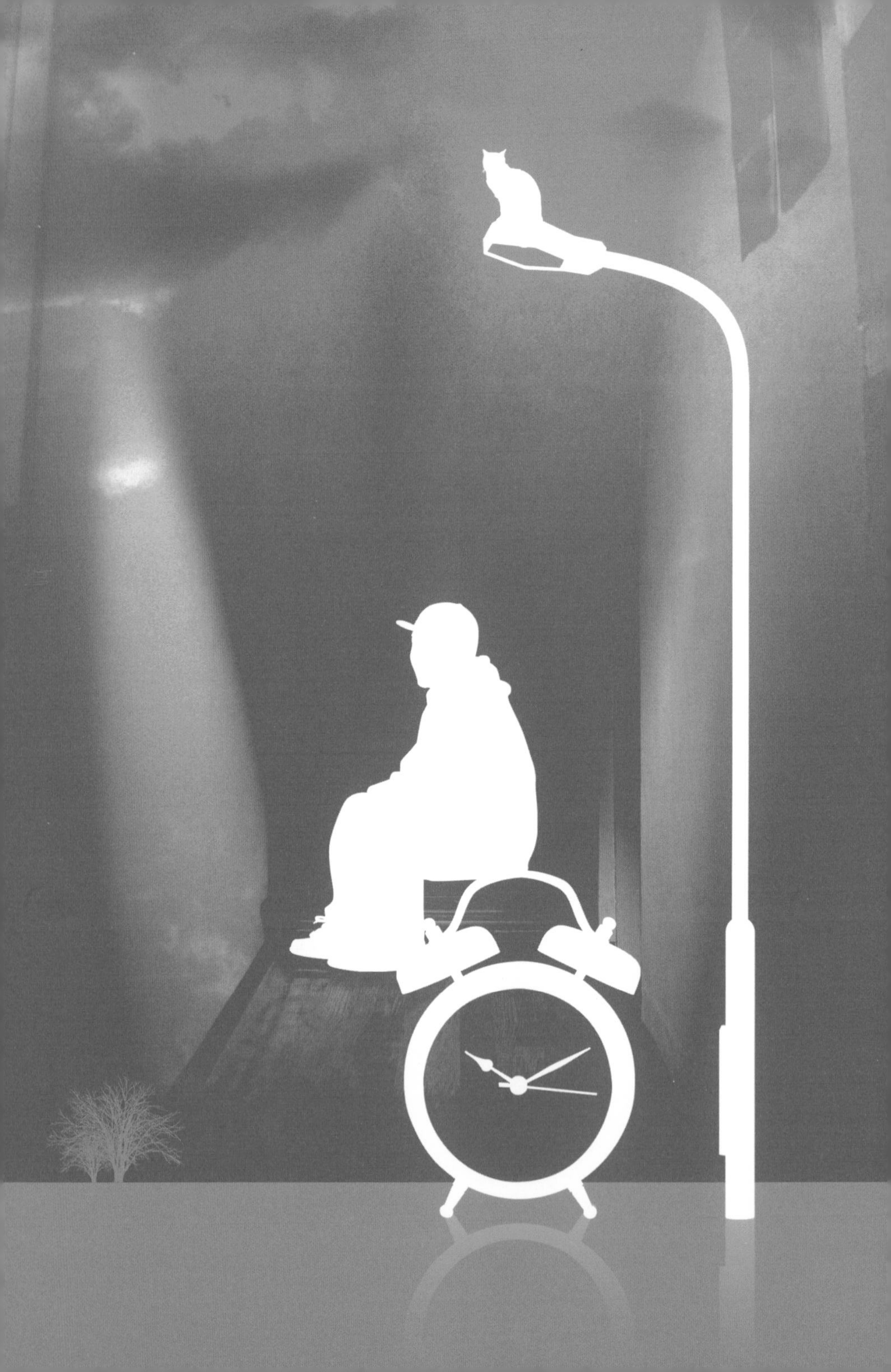

我在前面說到「採取每一個行動時，不管有多微不足道，都要懷抱著你的願景」，意思並不是你必須讓自己無時無刻都能清楚地看見願景的每個小細節。你只要在閒暇時發揮你的想像力，想清楚你願景的所有細節，並透過冥想讓這些細節都能完全烙印在記憶裡即可，如果你希望更快看到結果，可以把所有的閒暇時間都用來做此練習。

透過不斷的冥想，可以把你想要事物的詳細圖像深深烙印在心裡，並將這些圖像完整地傳送給那無形的智慧體。因此，在工作時，你只要參考心裡的圖像，來激發你的信心與決心，就可以幫助你發揮最大的潛力。

在閒暇時冥想這些圖像，直到它們充滿你的意念，達到可以信手拈來的程度。圖像中所描繪的光明未來將使你充滿熱情，光是想像這些圖像，就可以喚醒那一股存在你內在最強大的力量。

讓我們再次回顧截至目前爲止的重點摘要，並按進度稍微修正：

- 世上有一種智慧體存在著，而萬物都是由此存在體所造成；當這存在體處於原始狀態時，能滲透、穿入並充滿宇宙中的所有空隙。
- 這智慧體中的任一個思想，都會造就出那思想所描繪之物。
- 人可以在思想中塑造各種事物，而當人將思想銘刻至無形智慧體上時，將可導致所想事物的創造。
- 如欲做到此事，人必須由競爭性思維轉換為創造性思維。他需在心中清楚描繪所欲事物的圖像，且每日均需帶著信念與決心，以有效率的方式完成所有當日可完成之事。

如何選擇適合你的行業？

在創造性的世界中，永遠不會缺少機會

心靈所具備的各種功能就是你的工具，你必須用這些工具去做能讓你致富的事情。

不管從事哪一行，想要成功就必須具備做好該行所需要的技能。

如果沒有出色的音樂才能，就無法成爲一個優秀的音樂老師；如果沒有好好造就機械方面的技能，就很難在機械領域獲得傑出的成就；如果不具有機智與商業頭腦，那麼就很難在商業競爭中勝出。但是，即使你擁有特定行業所需要的技能，也不表示就一定能成功致富。世上有很多音樂家雖然擁有超凡的音樂才能，卻仍然一貧如洗；也有很多鐵匠、木工雖擁有精鍊的技術，卻仍沒能致富；而有很多商人雖然擁有傑出的人際溝通能力，但是卻仍然失敗。

各種不同的技能其實都只是工具而已。擁有好的工具固然重要，但能否以正確的方式使用工具也一樣非常重要。有的人只需要一把鋒利的鋸子、一支曲尺和一把好刨子，就能做出美觀的家具；而如果讓另一個人使用同樣的工具做出同樣的家具，卻可能只能做出拙劣的作品，這是因爲後者不懂得如何以正確的方式使用這些精良的工具。

你的心靈所具備的各種功能就是你的工具，你必須用這些工具去做那些能讓你致富的事情。因此，如果你已具備某些心靈工具，那麼如果能進入到需要這種工具的行業，你就會更容易成功。

通常如果你從事的行業需要的技能，就是你最強的那個技能（那種如同爲你「量身訂做」的工作），那麼你在這個行業必然會如魚得水。然而，我們不應就此認爲自己能從事的行業會受限於天賦的能力。

每當你心裡浮現想去做某一件事的渴望時，就表示你內在潛藏著可以做到那件事的能力。

不管從事任何行業都可以致富，因爲就算你目前沒有某一行業所需的才能，仍可以立刻開始去培養。這表示你需要一面製作工具，一面繼續前進，而不是光靠某些與生俱來的現成工具來行事而已。從事那些你有天賦的行業雖然確實比較容易成功，但你也可以在其他任何一種行業成功，因爲你可以將各種基礎的才能作進一步的發展，而其實不論哪一種才能，你都具有基本的能力。

就所需付出的心力這個角度來說，去做最適合你的事情，當然會最容易致富；然而，如果能做自己想做的事而致富，那麼成功致富時將可獲得更大的滿足感。

能做自己想做的事，才算是眞正的人生。如果我們總是被迫做不想做的事，卻永遠無法做我們眞正想做的事，那麼將無法獲得眞正的滿足。人有沒有能力做到自己想做的事情？答案是絕對肯定的。每當你心裡浮現想去做某一件事的渴望時，就表示你內在潛藏著可以做到那件事的能力。

渴望就是能力的一種表現方式。

當演奏音樂的「能力」希望能有表現與成長的機會時，就會產生演奏音樂的「渴望」；當人的機械天分尋求能有表現與成長的機會時，就會產生發明新的機械設備的渴望。

如果一個人沒有做到某件事的能力（不管這能力是否已開發出來），他就不會想要去做那件事。換句話說，如果一個人強烈地想要去做某件事，那麼就表示這人具有做到這件事的能力，而且這能力相當強大，他需要的只是以正確的方式去造就與運用這個能力而已。

你可以做自己想做的事，挑選最適合自己、最能令自己喜悅的工作是每個人的天賦權利。

選擇行業時，如果其他條件都相同，那麼就該選擇一個最能發揮自己天賦才能的行業。然而，如果你強烈地渴望要做某個行業，那麼就應該以那個行業為你的終極目標。

你可以做自己想做的事，挑選最適合自己、最能令自己喜悅的工作是每個人的天賦權利。沒有人有權逼你做自己不喜歡的工作，而除非是為了讓你以後能做想做的工作，否則你也不該去做那工作。

如果因為過去的錯誤，導致你進入了自己不喜歡的行業或工作環境中，那麼你可能會有一段時間必須做自己不想做的事。然而，只要你能了解目前的工作將幫助你在未來能做自己想做的事，那麼眼前的工作也能變成令你喜悅的事。

如果你覺得目前的工作並不適合你，請先不要急著換工作。因爲一般來說，如果要轉換行業或工作環境，最好的方式就是先讓自己成長。

當機會來臨時，如果經過審愼的考量之後，仍認爲是個好機會，那就不要害怕立刻做徹底的改變。然而，如果你心中有一絲猶豫，無法確定這麼做是否明智時，那麼就不要倉促行事、貿然行動。

在創造性的世界中，永遠不會缺少機會，所以你永遠不必操之過急。

當你擺脫競爭性思維之後，就會了解根本不需要貿然行事，沒有人會與你爭奪你想做的事，每個人都有屬於自己的位置。如果一個職位被別人捷足先登，不久就會有另一個適合你的職位出現，你永遠都會有充裕的時間準備。當你心裡有絲毫懷疑時，請停下腳步稍事等候，回頭好好冥想你的願景，提升你的信心與決心。如果心裡有所懷疑、覺得猶疑不定，那麼就請想盡辦法讓自己培養感謝的心情。

每天，都要以最完美的方式做好當天能做到的所有事情，且在行事時要不疾不徐、沒有擔心、也沒有恐懼。

如果能花個一兩天時間冥想你想要東西的畫面，並且爲已經得到那些東西而表達誠摯的感謝，你的心靈與那至高無上的存在體的關係將更爲親近。如此，當你採取行動時就絕不會有任何差錯。

宇宙中有一個全知全能的智慧體存在，如果你能對祂獻上最深的感謝，那麼就可以透過信心以及提升生命的決心，而與祂成爲一體。

人之所以會犯錯，一是因爲操之過急、倉促行事，二是因在恐懼與懷疑的情緒之下行事，三是忘卻了那純正的動機——使全體之生命得以完整，而不使其蒙受損失。

只要你依照這法則去做，來到你面前的機會就會越來越多，而你必須繼續維持堅定的信念與決心，並且繼續透過誠摯的感謝，與那至高無上的智慧體保持緊密的聯繫。

每天，都要以最完美的方式做好當天能做到的所有事情，且在行事時不疾不徐、沒有擔心、也沒有恐懼。盡可能加快你的腳步，但是不要讓自己忙亂。

請記得，忙亂時你就不再是個進行創造的人，而會變成一個與人競爭的人。忙亂會讓你落入原來的競爭思維當中。

每當你發現自己有些忙亂時，就讓自己暫時停下工作。把注意力集中在你想要東西的心靈圖像上，並爲了你已經獲得這些東西而表示感謝。這個「感謝」的練習，是加強信心、恢復決心的萬靈丹。

傳達提升生命的印象

你是一個創造中心；透過你，能讓所有人的生命都更加完整

如果能每天都依照法則來做好目前的工作，那麼你將因目前的表現而得以在未來進入你所期望的行業。

不論你是否要轉換行業，現階段應該要努力去採取與目前行業相關的各種行動。

如果能每天都依照法則來做好目前的工作，那麼你將因目前的表現而得以在未來進入你所期望的行業。

如果你的工作需要與他人來往（不管是面對面還是透過書信），那麼在與人們來往的過程當中，必須要牢記一個非常重要的觀念：你必須將「提升生命」的重要性傳達給他們。

每個人都會想要尋求成長，這是因那存在於每個人內在的無形智慧體急於能完整展現其自身而產生的動力。

宇宙中一切生命都會有自我提升的渴望，而這渴望也是推動宇宙的基本力量。人類的一切行為都是爲了要讓生命提升，人們會尋求獲得更多食物、更多衣服、更好的住所、更多奢侈品，尋求能變得更美麗、獲得更多知識、更多樂趣；人類所作的一切都是爲了讓某些事情能夠提升，也都是爲了讓「生命」得以提升。

只要有生命的，都必定有不斷成長進化的需要；如果生命不再提升，那麼末日與死亡就會立刻來到。

這些認知存在於人類的本能中，所以每個人都會不斷尋求能獲得更多、變得更好。耶穌也曾經透過比喻來教導「人必須不斷追求成長」的法則：「因爲凡有的，還要加給他，叫他有餘；沒有的，連他所有的，也要奪過來。」（譯註：出自《聖經・馬太福音》二十五章二十九節）

人會渴望增加財富是很正常的，這並不是罪惡，也不應該受到指責；這不過是想讓生命更豐富的渴望，這是一件能鼓舞人心的事。

而又由於「追求成長」是人類最深層的本能，因此每個人都會被能使其生命的各個領域提升的人吸引。

讓他們了解與你來往能夠提升他們的生命，讓他們了解你為他們提供的價值，遠超過向他們索取的金錢價格。

如果能依照這本書所說的法則去做，就可以不斷地提升自己，而在提升自己的同時，也能影響所有你接觸到的人，讓他們的生命也得以提升。

你是一個創造中心；透過你，能讓所有人的生命都更加完整。

要絕對相信這一點，並且要讓你遇見的每一個人都知道這個事實。進行交易時，不管金額多小（即使只是賣一根棒棒糖給小朋友），也要想想如何能傳遞這樣的想法，同時也要確定對方能接收到這樣的觀念。

讓你所作的每一件事都能傳送出「提升生命」的印象，如此，人們都將能了解到你是一個「不斷成長的人」，你也因而能爲每個與你交易的人帶來提升。而就算對方只是在與生意無關的社交場合遇到的人，也一樣要把這樣的印象傳遞給他。

如果想讓自己能自然地傳遞這樣的訊息，就要讓自己堅持著「我正在不斷成長當中」的信心且永不動搖，並且以這樣的信心來激發熱情、採取行動。

不管在做任何事的時候，都要確信自己是一個不斷提升的人，而且也不斷在幫助他人提升。

要感覺到自己正變得越來越富有，並感覺到在此同時，你也讓別人越來越富有，並爲這世界帶來許多福祉。

不要誇耀、吹嘘自己的成功，或者是在不必要的時候談論這類事情，因爲眞正有信心的人是不會這麼做的。一個人如果常常自吹自擂，表示他其實是一個常常懷疑和害怕的人。你只要單純地感受那股信心，同時在每一次的交易中展現出那種信心，讓你的每一個動作、語氣和表情都靜靜地的傳達出「我越來越富有」或「我已經成功致富」的那種確定感。要讓別人了解這種感覺並不需透過文字，只要你一出現在眼前，他們就會感受到那股生命提升的力量，而且也會再次被你吸引。

你一定要讓別人對你留下這樣的印象，讓他們了解與你來往能夠提升他們的生命，讓他們了解你爲他們提供的價值，遠超過向他們索取的金錢價格。

想要操控他人的心態，就是競爭性的思維，而競爭性的思維方式沒有創造力。

抬頭挺胸去做吧！並且讓每個人都能感受這樣的自信，如此，你將永遠不愁沒有顧客。人們都會朝能爲他們帶來提升的地方去，同時，那渴望看到每個人的生命提升、而且又認識每個人的智慧體，也會把那些可能從來沒聽過你的人們都帶到你面前。你的事業將會蒸蒸日上，獲得的利益將讓你難以想像；你將能建立起更大的事業體、獲得更多利潤，而如果你想要轉行，也將能進入到一個更適合你的行業。

但是，在進行這一切的同時，絕不能忘記你渴望完成的願景，也不能失去勢必完成那願景的信心與決心。

在這裡，我要提出一個關於「動機」的忠告：請特別注意心中潛藏的

那種想要操控他人的欲望。

一個還沒有造就、成長完全的人可能會把「操控他人」當作是一種樂趣。爲了滿足自己的欲望而去駕馭別人，這樣的欲念長久以來一直是這世界的魔咒。自古以來帝王與君主們以戰爭血染土地，多半不是爲了幫全人類尋求更多的生命福祉，而是爲了擴張他們的版圖、贏得更多統治別人的權力。

在現代的工商世界裡，大多數人也都抱持著相同的動機：很多人以金錢作爲武器，傷害無數人的生命與心靈，也是爲了競逐同樣的權力。現代的商業大亨其實與古代的那些君王們一樣，都被一股權力欲望驅使著。

所以，要注意不要被這類誘惑所吸引，例如尋求更多權力、尋求成爲「大師」、尋求成爲萬人之上、尋求以奢華生活引人注目等。

這種想要操控他人的心態，就是競爭性的思維，而競爭性的思維方式沒有創造力。要掌控自己的環境與命運，其實根本不需要去支配他人；事實上，如果墜入那個只求爭奪更高位置的世界，反而會讓你被命運和環境所征服。這時，想要致富就得靠運氣或投機才可能做到。

千萬別落入競爭性的思維！以宣揚「黃金法則」聞名的前托利多市（Toledo）市長、已故的瓊斯先生，曾對「何種行動才是創造性的行動」作出絕佳的說明：「我自己想要的東西，也要讓每個人都能擁有！」

成為不斷成長的人

在這宇宙當中，一個不斷追求成長的人永遠不會缺乏機會

如果醫藥人員懷著成功時的影像，並且依循信心、決心及感謝等法則，那麼他將能醫治所有來到他面前的病患。

我在前一章所說的內容，不管對專業人士、受薪階級或是從事銷售等其他行業的人都可適用。不管你是醫生、老師、還是神職人員，只要能爲其他人的生命帶來提升，並且能讓他們了解這個事實，那麼這些人就會被你吸引，而你將因而得以致富。

如果一個當醫生的人能懷著「成爲偉大且成功的醫治者」的願景，並倚著信心與決心，依照這本書所說明的方式努力朝向實現其願景而奮鬥，那麼這個人將能與那一切生命的起源建立起極爲緊密的關係，而使他達到偉大的成就。如此，前來尋求醫治的人將蜂擁而至。

醫藥從業人員可說是有最多機會可實踐本書內容的一群人。屬於哪個學派並不重要，因爲不管是哪一個學派，背後的法則都是共通的，而不管是哪一個學派也都可以達成醫治的目標。如果一個醫藥人員心中懷著成功時的影像，並且依循信心、決心，以及感謝等法則，那麼他將能醫治所有來到他面前的病患。

在宗教領域裡，人們都迫切盼望著有能力教導他們「如何獲得眞正富足的人生」這門科學的人能夠出現。如果有人能同時精通致富、健康與成功的科學法則，而且還能將這些法則詳細地教導他人，那麼這人永遠不必擔心會沒有跟隨者。因爲這些法則是這世界最需要的福音，透過這福音將可帶來生命的提升。人們必會欣然接受，同時還會大力支持能教導這些法則的人。

而目前最需要的，就是有人能透過親身示範，來證實這些法則。我們要的是一個不但能解說理論，還能親自展示如何做到的老師。我們需要一個已讓自己富有、健康、成功且備受喜愛的老師來教我們如何達到相同的境界；而當這樣的老師出現時，必定會擁有無數的忠心跟隨者。

對於從事教職的人而言也是一樣，如果一個教師可以倚著要提升生命的信心與決心來鼓舞孩子們的心靈，那麼這樣的教師永遠都不必擔心會失業。每一個具有這種信心與決心的教師都可以將這樣的態度分享給他的學生，而事實上如果這就是他自己的人生經驗，那麼他也無法克制自己將這些經驗分享給學生的渴望。

上面談的這些不只適用於老師、牧師、醫生，也適用於律師、牙醫、房地產經紀人、保險代理人等各行各業的人。

不管在上班前、工作中或工作結束後都要時時懷著「不斷成長」的信心與決心。

我在前面所提到的「心靈層次與個人行動必須結合」的觀念是絕對正確的。只要能持續、堅定地遵循這些教導去做，每一個人都可致富。因爲生命提升的法則就如同萬有引力定律一般，都是恆久不變的。「致富」其實是一門精準的科學。

對受薪階級的人而言，這些觀念也同樣適用。不要因爲在目前的工作上看不到晉升的機會，或是目前的工作入不敷出，就因而認爲自己不可能致富。請在你心中把想要的一切描繪成清楚的願景，並帶著信心與決心開始採取行動。

每天都要盡力完成所有當日能做之事，同時要以最完美的方式來完成每一件工作。在做每一件事時，都要將成功的力量與致富的決心貫注在其中。

但是，請不要只是爲了巴結上司、希望他們看到你的工作表現後能讓你升遷而這麼做，那是不可能的。一個努力在自己的職位上全力以赴並且滿足於此的這種「好」員工，對其雇主而言是非常有價值的，雇主不會想讓這樣的員工升遷，因爲把他留在原來的位置對雇主反而更有利。

如果想要升遷，除了要不斷自我超越之外，還有一些必要條件。

如果一個人擁有遠超過目前位置所需的能力，同時清楚知道自己想要成爲怎樣的人，並且具有必定會成爲那樣的人的信心與決心，那麼這個人一定會獲得晉升的。

不要爲了討好上司而這麼做，你該是爲了提升自己才這麼做。不管在上班前、工作中或工作結束後都要時時懷著「不斷成長」的信心與決心；這麼一來，與你接觸的每個人，不管是上司、下屬還是朋友們，都會感受到你身上發出一股由決心所產生的力量，這麼一來，每個人都可以從你身上體會到人應該都要成長與精進的道理。人們會被你吸引，而如果你目前的工作沒有升遷的機會，那麼你必定很快就會獲得另一個工作機會。

宇宙間存在著一股力量，會為那些依循法則去做、不斷尋求成長的人不斷提供機會。

宇宙間存在著一股力量，會爲那些依循法則去做、不斷尋求成長的人不斷提供機會。只要你依照法則去做，那麼神就必定會幫助你，而祂幫助你也是爲了幫助祂自己。

沒有任何外在因素可以阻擋你。如果在鋼鐵公司工作沒能讓你致富，說不定去務農就可以致富。只要你開始依照法則去做，那麼就一定可以脫離鋼鐵公司的「魔掌」，而轉換到其他你所希望的地方去。

如果鋼鐵公司裡的員工都開始依照這些法則去做，那麼這家鋼鐵公司很快就會陷入困境；公司會必須爲其員工提供更多的機會，要不然就得要關門。沒有任何人註定要爲企業賣命，那些企業之所以能讓人們陷入一種無助的狀態，只不過是因爲人們不了解致富的法則，或是懶得去實踐這些法則而已。

只要開始依照這些法則去思考與行動，那麼你的信念與決心將能提升你對於機會的敏銳度。能改善現況的機會必定很快來到，因爲那至高無上的力量將會開始爲你安排一切，把那些機會帶到你的面前。

不要痴等完全合乎你期望的機會到來，如果眼前已出現一個可讓你有所提升的機會，而你也感覺這是要給你的機會，那麼就接受它吧！這機會將是通往更好機會的第一步。

在這宇宙當中，一個不斷追求成長的人永遠不會缺乏機會。

整個宇宙中的一切都是為這種人而創造，宇宙中的一切也都會為了達到這人的目標而一起運作，而只要他能依照法則去行動與思考，那麼就必然能致富。因此，請讓受薪階級的朋友們也都仔細研讀這本書，並依照書中提供的行動方針去做，他們將必定能成功致富。

結語

如果能持續抱持信心，會發現失敗其實是個偉大的成功

只要你能將自己提升到創造的世界，那麼就不會受這一切的牽制，你將可以成為另一個國度的子民。

有很多人不相信世界上有一門有關如何致富的科學存在。由於他們深信世界上的財富有限，因此他們堅持，如果要讓更多人能過更好的生活，就必須要先改造社會及政府機關。

但是，那並不是事實。

確實，目前的政府使得許多人無法脫離貧窮，但之所以會如此，卻是因爲人們沒有依照法則去思考與行動所造成。

如果所有人都開始依照本書所建議的方式去做，那麼不管是政府或是工業體制，都無法阻擋他們致富；反而是所有的體制都必須順應著這趨勢而修正。

如果人們能擁有追求成長的意願，能擁有確信自己可以致富的信心，並倚著必定要致富的決心向前邁進，那麼就沒有任何因素可以使其貧窮。

一個人不管是在任何時間、或在任何政府的管轄之下，都可以開始依照法則去行，開始讓他們自己變得富有。而當這麼做的人達到一定數量時，將會引起整個社會體制的改造，也會爲其他人開放更多的可能性。

世上若有越多人透過競爭性的方式致富，對其他人會造成越多損失；而若有越多人透過創造性的方式致富，對其他人就越有益處。

唯有當更多人運用本書所說明的法則成功致富時，才能夠眞正達到讓人類遠離貧窮的目標。

因爲這些人將爲他人展示致富之道，並以獲得完整生命的渴望、絕對可獲得完整生命的信心，以及必定要獲得完整生命的決心來激勵他人。

但是，就現階段而言，你只要知道不管是政府、還是產業界的資本主義或競爭體制，都無法對你的致富之路造成阻礙。只要你能將自己提升到創造的世界，那麼就不會受這一切的牽制，你將可以成爲另一個國度的子民。

永遠別說時機不好或產業前景堪慮之類的話。你可以創造你所要的一切，你可以超脫出這種恐懼。

不過，要記得你必須將一切思想都維持在創造的世界中，無時無刻都要注意，不讓自己落入認爲世上資源有限、或想採取某些行動來遏止世上各種競爭行爲的思維之中。

一旦發現到自己落入舊有的思考模式時，請立刻修正自己的想法。因爲一旦落入競爭性的思維之中，就會終止與那至高無上的智慧體之間的合作關係。

不要浪費時間計畫如何應對未來可能發生的一些急難狀況，頂多只要針對可能影響你今天要採取的行動之事擬定處理方針即可。你該關心的是如何能以最能夠帶來成功的方式做好今天該作的事，而不是去擔心明天可能會發生什麼狀況。狀況眞的發生時，再去處理也來得及。

經營事業時，除非障礙已在眼前，而你能確定若再不改變方向就會無法避開這障礙，否則就不需預先煩惱未來要如何克服種種障礙。不論遠方有多大的障礙物存在，只要你依循法則而繼續前進，就會發現當你接近那障礙物時，要不就是那障礙物自動消失，要不就是那可以越過它、鑽過它、穿過它或繞過它的道路會自然出現。

照著這既定的科學法則去尋求致富的人，絕不會被任何狀況擊倒。依照這法則去做的人必定能致富，就像二乘二永遠都會得到四一樣。

不必爲那些可能發生的災難、障礙、恐慌等每個人都不希望遭遇到的狀況而憂心，即使眞的發生這類狀況，你也永遠有足夠的時間可以善加處理；而且事實上每個困難本身，也都會帶著要解決這困難所需的一切資源。

要特別注意從口中說出的詞句。永遠不要以會讓自己或別人洩氣的方式談論你自己、談論你所遭遇的事、談論任何一切。永遠不要承認失敗的可能性，也永遠不要說出暗示可能會失敗的話。

永遠別說時機不好或產業前景堪慮之類的話。對那些在競爭面上的人來說，也許時機眞的不好、也許產業前景眞的堪慮，但是對你來說，情形永遠不會是如此。你可以創造你所要的一切，你可以超脫出這種恐懼。

當別人都遭逢艱難、事業不順時，你將能找到最佳的機會。

要訓練自己，讓自己能以這世界正在成形、正在成長之中的角度來思考與看待這世界，並了解那些看似罪惡的一切，都只不過是還未成長完全而已。永遠都只談論與成長相關的訊息，如果不這樣做，就是在否定你的信念，而如果否定自己的信念，就會失去信念。

永遠不要讓自己感覺失望。也許你期望在某個特定時間能得到某件東西，但卻沒有在那個時間得到，雖然這狀況看起來像是失敗，但是如果你能繼續抱持著信心，就會發現失敗不過是表相而已。

繼續依循法則去行，就算沒有得到你要的，之後也會得到某個更好更棒的東西，這時你會發現，那看似失敗的狀況，事實上是一個偉大的成功。

會遭遇失敗，是因為你所要求的並不夠。請切記，只要堅持下去，比你所尋求的更好的東西就必定會來到。

有一個學生，在學習了這門科學之後，決定要進行一個有關企業合併的工作，這是他那時非常渴望能完成的工作，而他也花了數週的時間安排此事。然而，當決定性的時刻來到時，整件事卻因完全沒有料想到的因素而失敗，看起來就好像有種無形的力量偷偷在與他做對一樣。

但是他並沒有因此而失望，他反而感謝神，感謝祂駁回他的渴望，然後抱持著一個感謝的心情繼續前進。數週之後，一個比之前那筆交易更好、而且如果他完成了前一筆交易就絕對無法獲得的機會來到他面前；這時他眞正了解到，之前原來是那通曉一切的智慧體爲了不讓他因小失大而做出的安排。

如果你能維持著信心、堅持著決心、抱持著感謝，並且每天都以成功的態度來做到當天可以做到的一切行動。那麼每個看似失敗的事件，就都會像這樣為你帶來更好的結果。

會遭遇失敗，是因為你所要求的並不夠。請切記，只要堅持下去，比你所尋求的更好的東西就必定會來到。

你永遠不會因為缺乏要做到想做之事所需的才能而失敗。只要你能依照我所說的方式去做，就必定能獲得要完成工作所需的才能。

如何培養才能並不在本書的談論範圍之內，不過基本上它與致富的過程一樣明確、一樣簡單。不要擔心會因缺乏某些能力而失敗，因而猶豫退縮；堅持下去，當你到了那個位置時，自然就會擁有需要的能力。林肯總統因為得到那一切能力的源頭的幫助，才能夠完成前所未見的大業，這同樣的能力來源也將為你開放。你可以向那無形智慧體要求智慧，來處理你面前的種種責任，請倚著全然的信心繼續前進。

請仔細研讀這本書，在你眞正完全掌握書裡的概念之前，都要隨身帶著這本書。在你建立這樣堅定的信心的過程當中，如果能暫時放棄大部分的娛樂，並暫時遠離那些會傳播與本書內容的觀念互相衝突資訊的地方，會對你相當有幫助。不要閱讀悲觀或相衝突的文學作品，也不要與人爭辯這類的話題。

請把大部分的閒暇時間都用來冥想願景、培養感謝心情，以及閱讀這本書。這本書的內容，就是你對於致富的法則所需了解的一切，而我將在下一章中把所有重點作一總結。

摘要

世上有一種智慧體存在著，而萬物都是由此存在體所造成；當這存在體處於原始狀態時，能滲透、穿入並充滿宇宙中的所有空隙。

這智慧體中的任一個思想，都會造就出那思想所描繪之物。

人可以在思想中塑造各種事物，而當人將思想銘刻至無形智慧體上時，將可導致所想事物的創造。

因那無形智慧體永遠處於創造性思維之中，因此人若欲使其創造出自己所想之物，就必須將思維由競爭性思維轉化爲創造性思維，如此方能與無形智慧體達到協調一致。

而人若能不斷地因那無形智慧體賜予的種種祝福，而對祂表達誠摯的感謝，就可與那無形智慧體建立全然協調一致的關係。透過感謝，可使人的心智與那無形存在體的智慧合而爲一；此時，那無形智慧體將可接收到這人的思想。

唯有透過深入且持續的感謝而與那無形智慧體合一，才能長久地維持創造性思維。

人必須在心中爲他想擁有、想去做、想成爲的一切描繪出清晰的影像，且經常思想這影像，同時因那無形智慧體已然同意賜下這一切而表達誠摯的感謝。盼望致富的人必須運用其閒暇時間冥想願景，並爲願景必定成眞而表示感謝。

不斷冥想願景之影像，同時維持不可動搖的信心且不斷對無形智慧體表達誠摯的感謝，其重要性筆墨難以形容。這也是要將訊息傳送給那無形智慧體，並啓動一切創造力量的程序。

這一切創造力量會透過自然界的生長流程，以及產業與社會秩序等既定管道而作用；只要人能依上面所說明的指示去做，且擁有不動搖的信心，那麼在願景影像當中的一切都將成眞。他將透過既有的貿易與金融管道而獲得所想要的一切。

若要在屬於他的一切來到時能夠收下，就必須以可使其能力超越目前職責所需的方式去行動；他必須要有必定要使願景實現、必定要致富的堅定決心，同時必須每日都做到當日可做的所有事，並以成功的方式做好每個行動。他給予他人的價值，永遠必須超過他索取的金錢價格，讓每一筆交易都能使他人生命更加提升；同時他必須不斷追求成長，讓每個與其接觸的人都接收到「生命必須不斷成長」的訊息。

依照這些指示去行的人必能致富，而其所獲得的財富多寡，將取決於願景的清晰程度、決心的穩固程度、信心的堅定程度，以及感謝時的深刻程度。

Eurasian Publishing Group
圓神出版事業機構
用心與你對話．視野無限寬廣
方智出版社
Fine Press

www.booklife.com.tw reader@mail.eurasian.com.tw

方智叢書 158

失落的致富經典

作　　者／華勒思．華特斯（Wallace D. Wattles）
譯　　者／許耀仁、王莉莉
發 行 人／簡志忠
出 版 者／方智出版社股份有限公司
地　　址／台北市南京東路四段50號6樓之1
電　　話／（02）2579-6600．2579-8800．2570-3939
傳　　真／（02）2579-0338．2577-3220．2570-3636
總 編 輯／陳秋月
資深主編／賴良珠
責任編輯／黃暐勝
美術編輯／劉嘉慧
行銷企畫／吳幸芳、周羿辰
印務統籌／林永潔
監　　印／高榮祥
校　　對／許耀仁、賴良珠
排　　版／莊寶鈴
總 經 銷／叩應股份有限公司
法律顧問／圓神出版事業機構法律顧問 蕭雄淋律師
印　　刷／祥峰印刷廠
2008年 2 月初版
2023年 10 月52刷

定價 230 元
ISBN 978- 986-175-100-9

每一本書，都是有靈魂的。
這個靈魂，不但是作者的靈魂，
也是曾經讀過這本書，與它一起生活、一起夢想的人留下來的靈魂。
——《風之影》

國家圖書館出版品預行編目資料

失落的致富經典 / 華勒思．華特斯（Wallace D. Wattles）著；許耀仁，王莉莉譯 .-- 初版. -- 臺北市：方智，2008.02
192面 ；15×21公分. --（方智叢書 ；158）
譯自：The science of getting rich : attracting financial success through creative thought
ISBN：978-986-175-100-9（平裝）

1. 成功法 2. 財富

177.2 96024780